(Variante de Mac Coy, n°88
d, dernière ligne [de titre]
et p. 159 (, ligne 15.)

RELATION

DE CE QVI S'EST PASSE'

EN LA MISSION DES PERES de la Compagnie de Iesvs,

AV PAYS DE LA NOVVELLE FRANCE,

Depuis l'Eté de l'Année 1652. iusques à l'Eté de l'Année 1653.

Enuoyée au R. P. Prouincial de la Prouince de France.

Par le Superieur des Missions de la mesme Compagnie.

A PARIS,

Chez Sebastien Cramoisy, Imprimeur ordinaire du Roy & de la Reyne, Et Gabriel Cramoisy, ruë S. Iacques, aux Cicognes.

M. DC. LIV.

AVEC PRIVILEGE DV ROY.

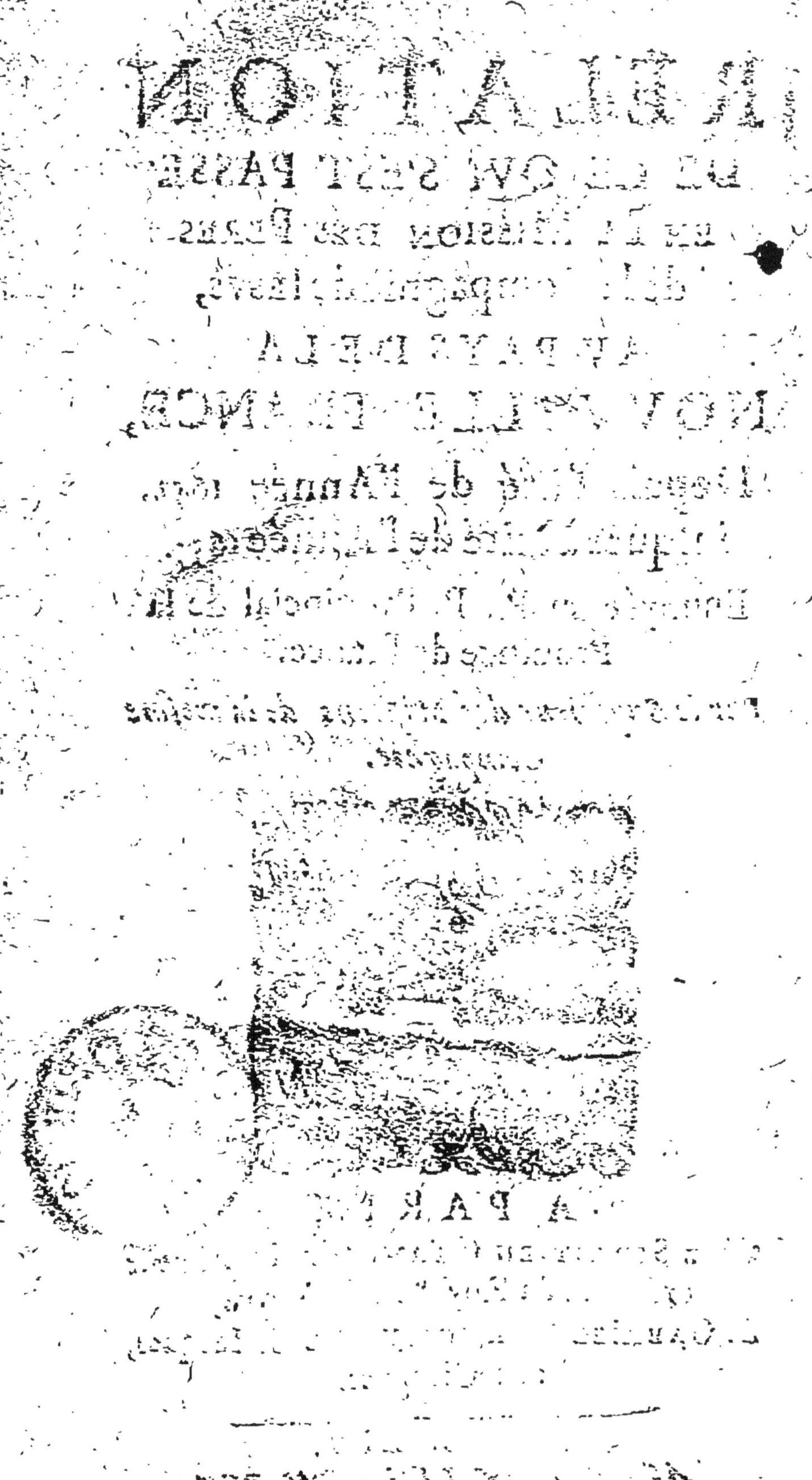

TABLE DES CHAPITRES

CONTENVS EN CE LIVRE.

Fin de la Table des Chapitres.

RELATION

RELATION
DE CE QVI S'EST
PASSE' EN LA MISSION
DES PERES DE LA COMPAGNIE
de Iesvs, au Pays de la Nouuelle
France, depuis l'Eté de l'anné
1652. iusques à l'année 1653.

Lettre du Pere Superieur de la Mission,
au Reuerend Pere Prouincial.

ON R. PERE,
Pax Christi.

Estant dans le dessein d'in-
former V. R. de l'estat dé nos Missions en ce nouueau Monde; mon

A

esprit s'est trouué partagé, entre
la crainte & l'esperance. La perfidie des Iroquois, que nous auons
esprouuée à nos d'espens, me fait
peur : & les raions de bonté, que
Dieu a fait éclater nouuellement
sur ces Contrées, banniffant cette
crainte, pour loger en sa place vne
douce esperance. Si nos Ennemis
sont déloyaux, Dieu est tres-fidel-
le : s'ils sont tres-mechans, & tres-
cruels, Dieu est tresbon, & tres-
doux : s'ils ont la pensée de nous
perdre, Dieu à la volonté de nous
sauuer. Nous adorons sa conduitte, & sur nous & sur nos Eglises.
Ie puis dire auec verité, que depuis dixhuit ans, que ie considere
les refforts de sa prouidence sur
nos petis trauaux, i'ay remarqué
qu'il n'a iamais éloigné sa veuë, ny
fes regards, de ceux qui prodi-
guent leurs vies pour son hon-

neur. Il nous a releuez en nous ab-
baiſſans ; il nous a fait trouuer la
vie dedans la mort : & au point
que la nuit d'vn profond deſeſ-
poir, ſe vouloit emparer de nos
cœurs, il a fait naiſtre vn iour, qui
donnera de l'etonnement iuſques dedans la France. Les choſes
ſont encor ſi recentes, que nous
pouuons dire, que nous crai-
gnons ſans craindre, & que nous
eſperons contre toute eſperance.
Nous enuoyons au Pere Paul le
Ieune Procureur de nos Miſſions,
les memoires de nos bonnes, &
de nos mauuaiſes auantures, pour
les preſenter à Voſtre Reuerence.
Elle verra que nous auons beſoin
plus que iamais de ſes prieres, &
des ſecours de tous ceux qui prennent part à nos biens, & à nos
maux : qui craignent dans nos
craintes, & qui eſperent dedans

A ij

nos esperances. Voftre Reuerence
fe fouuienne, s'il luy plaift à l'au-
tel de ces pauures peuples & de
toutes nos Miffions, & en particulier de celuy qui luy eft de
cœur & par deuoir.

Mon Reuerend Pere,

A Quebec ce 29.   Tres-humble & tres-obeïf-
d'Octobre 1653.   fant feruiteur, en Noftre
                     Seigneur.

FRANCOIS LE MERCIER.

CHAPITRE PREMIER.

*D'vn vaisseau pris par les Anglois, &
des memoires dont il est parlé en la
lettre precedente.*

LE Pere à qui on auoit confié ces memoires, ayant esté pris par les Anglois, le dix septiesme du mois de Decembre dernier passé : les soldats, qui s'estoient rendus maistres du vaisseau qui le portoit, le fouillerent, & le pillerent aussi bien que les autres; Ils luy rauirent sa petite Chapelle, en vn mot, ils luy osteront iusques à son Breuiaire, n'épargnans n'y Calice, ny Messel, ny ornemens sacerdotaux, non pas mesme vne méchante couuerture, dont il se seruoit les nuits,

A iij

aſſés froides, & aſſés longues. Ils
ouurirent tous les paquets, dé-
plierent tous les papiers, eſperans
trouuer quelques pieces dargent,
mais ſe voyans fruſtrés de leurs
eſperances, ils en dechirerent
vne partie, ietterent l'autre en la
mer, ou bien ſur le tillac du nauire, où tout le monde marchoit
peſle-meſle, les vainqueurs & les
vaincus, les humiliés, & les Inſolens. Le pauure Pere ramaſſa doucement ce qu'il pût de lettres,
de papiers, & de memoires. Les
vns eſtoient en lambeaux, & les
autres eſtoient ſales, comme ſi on
les eut retirés de la bouë. Les
François les mieux veſtus, furent
depouillés tous nuds, pour eſtre
couuers de vieux haillons; ils paſſoient les nuits ſous le tillac, ſans
autre mattelas que les ordures, &
les ſaletés cauſées par vn ramas de

Soldats, des Mattelots, & de Paſſagers : detrempées dans les eaux
de la mer, qui entroient par les ſa-
bores, & qui ſe couloient entre les
deux ponts, pour ſeruir de lits, &
de couuertures , a ces pauures
vaincus. Enfin le nauire fut conduit à Pleymouth en Angleterre.

C'eſt icy, où nos François ren-
contrans quelques vaiſſeaux , &
quelques Capitaines leurs compatriotes, tombés dans le meſme
malheur, furent ſaiſis d'vne nouuelle douleur. A peine leur nauire
fut-il entré dedans le port , qu'il
ſe vit inueſty de tous coſtés , de
batteaux, & de gondoles remplis
de marchands , qui monterent
auſſi toſt ſur le tillac, pour ache-
ter des ſoldats, le pillage & le vol
qu'ils venoient de commettre. Le
Pere vit vendre a l'Encan ſon
Breuiaire, celuy qui l'acheta, ne

demanda point s'il eſtoit a l'vſage
de Rome , ou de quelque autre
Dioceſe , la pieté de ces bonnes
gens, eſt d'auoir de largent, & d'en
tirer des choſes ſainctes , auſſi
bien que des prophanes. Nos
François voyoient mettre a l'en-
chere leurs petis meubles , & la
plus part des paſſagers perdirent
en vn iour, ce qu'ils auoyent ga-
gné en pluſieurs années en la
Nouuelle France. Quelques-vns
d'entre eux diſoient que la perte
de ce nauire , pouuoit monter à
trois cent mille liures. Ie ne ſçay ſi
cela eſt veritable , mais ie ſçay
bien, qu'on voyoit dans vne mi-
ſerable rencontre , beaucoup de
ioye, & beaucoup de triſteſſe ; les
vns baiſſoient la teſte , & les autres la leuoient auec aſſés de faſte,
ſe reiouiſſans, *Sicut exultant victo-*
res captâ prædâ , quando diuidunt ſpo-

lia. Comme des victorieux, lors
qu'ils partagent leur proye, &
leur butin.

Il n'y a lieu au monde, excepté
l'Enfer, où il ne se treuue, des
gens de bien, ou des personnes
de bon naturel. Quelques Anglois, s'approchans du Pere, luy
firent vne petite aumosne. Il faut
confesser que c'est vne chose bien
rude, & bien facheuse, de faire,
comme on dit, naufrage au port.
Ce pauure Pere, & tous les passa-
gers, & les matelots du mesme
equipage, ayans souffert les fatigues de la mer, dans vn long
voyage, n'estans pas loing de
leur patrie, goustans par auance
le repos, & la douceur, qu'ils at-
tendoyent de la veuë, & de la
communication de leurs parens
& de leurs amis; se virent misera-
blement pris & enleués, par des

gens, qui ne portent pas le nom
d'ennemis, mais qui en font toutes les actions. Dieu soit beny de
tout , pour conclusion les Anglois ayans retenu quelques iours
le Pere à Pleymonth, le firét passer
au Havre de Grace , à la sollicita-
tion de quelques Capitaines
François , dont les vaisseaux
auoyent esté pris , & conduits
dans ce mesme port. Voila comme nous auons receu les frag-
mens des memoires, qu'on nous
enuoyoit.

CHAPITRE II.

De ce qui s'est passé a Montreal.

L E secours extraordinaire,
qu'on a enuoyé en cette habitation , au dernier embarque-

ment ; a donné de la ioye , non
seulement aux François , qui y
font leur demeuré : mais encor a
tout le païs. Quelques personnes
de merite , & de vertu , qui ay-
ment mieux estre connuës de
Dieu , que des hommes : ayans
donné dequoy leuer vne bonne
escouade d'ouuriers , semblables
a ceux qui rebatissoient ladis le
Temple de Ierusalem , manians
la truelle d'vne main , & l'épée de
l'autre : on a fait passer a Montreal , plus d'vne centaine de braues Artisans ; tous sçauans dans
les métiers qu'ils professent , &
tous gens de cœur pour la guerre.
Dieu benisse au centuple , ceux
qui ont commancé cet ouurage,
& leur donne la gloire d'vne sainte perseuerance, pour la mettre à
chef.

Les Peres de nostre Compa-

gnie, qui font en cette habitation, voyans que les Iroquois la
muguetoient inceffamment,
faifans des courfes dedans l'Ifle:
dreffans à toute heure des embuf-
cades : tenans nos François fi
étroitement affiegés, qu'on n'o-
foit tant foit peu s'ecarter, fans vn
danger euident de perdre la vie;
comme il arriua a vn pauure mife-
rable, qui pour n'auoir pas fuiuy
les ordres, qu'on luy auoit donnés : tomba malheureufement
dans les armes de ces chaffeurs
d'hommes. Nos Peres dy-ie
voyans ces dangers fi preffans,
porterent nos François à auoir recours à la fainte Vierge par quelque deuotion extraordinaire. On
fit des ieufnes, des aumofnes, on
inftitua les oraifons de quarante
heures, on offrit plufieurs com-
munions en fon honneur, bref on

fit vn vœu solemnel de celebrer
publiquement la feste de sa pre-
sentation, demandant à Dieu par
l'entremise de cette Mere des
bontés, ou qu'il arrétast la fureur
de ces ennemis, ou qu'il les exter-
minast, s'il preuoyoit, qu'ils ne se
voulussent pas conuertir, ny rendre à la raison; Chose étrange, &
tres-remarquable, les Iroquois
depuis ce temps-là, non seulement n'ont eu aucun auantage
dessus nous, mais ils ont perdu
beaucoup de leur monde, dans
leurs attaques, & Dieu à la parfin,
les a si fortement touchés, qu'ils
ont demandé la paix.

La protection de cette Reyne
des hommes & des Anges parut
dans vn certain rencontre, d'vne
façon toute particuliere. Vingt
six François, se trouuans renfer-
més au milieu de deux cent Iro-

quois, deuoyent perdre la vie,
sans le secours de cette Princesse.
Ces Barbares, firent vne dechar-
ge sur eux, d'vn lieu fort proche;
Ils tirerent deux cent coups sans
tuer ny blesser pas vn des nostres.
Ce n'est pas qu'ils ne manient
tres-bien leurs armes; mais c'est
que Dieu vouloit, en cét attaque,
verifier le prouerbe, qui dit que
ce que Dieu garde est bien gardé.
Le Fils de Marie ne refuse rien à sa
sainte Mere. Il écarta les bales des
ennemis, & dirigea si bien celles
des François, qu'ils renuerserent
quantité des Assiegeans, & my-
rent en fuitte ceux qui rechappe-
rent de la mort, ou des blessures
notables. I'ay leu dans vne lettre,
que les chemins par ou ils passe-
rent en s'enfuyans, furent trou-
ués, tous couuers de leur sang; &
qu'assés long-temps apres leur de-

part, les chiens rapportoient des lambeaux de corps humains en l'habitation des François.

Il ne s'est passé aucun mois de l'année, disent les memoires qui sont venus iusques a nous, que ces Chasseurs ne nous ayent visités a la sourdine, tachans de nous surprendre, mais enfin le vingt sixiesme de Iuin, il en parut soyxante, de ceux qui sont nommés par les Hurons, Onnontaeronnons, demandans de loing vn sauf conduit pour quelques vns d'entre eux : crians qu'ils estoient enuoyés de la part de toute leur Nation, pour sçauoir si les François auroient le cœur disposé à la paix.

C'est chose estrange, combien ces Infideles, se fient en nos paroles, quoy qu'ils n'ignorent pas, qu'ils nous ayent trahis, quaſi autant de fois , qu'ils ont traité auec nous : & qu'ils meritent en ſuitte, le reciproque. Nos François auoient bien deſſein de leur rendre le change faiſans main baſſe de ces deloyaux, & de ces perfides : mais quand ils les virent auancer ſans armes , & ſans deffence, cette franchiſe amolit leur cœur, & leur fit croire , que Dieu auoit exaucé les prieres qu'ils luy auoient preſentées, par les mains de la ſaincte Vierge, a laquelle ils auoyent demandé du ſecours , contre vn ennemy ſi traiſtre & ſi puiſſant.

Quand ils furent entrés dans le Fort de nos François, & qu'ils eurent expoſé les penſées, & les deſirs de leur Nation : on ne parla plus que de confiance, de paix, & de bien veillance, vous euſſiés dit que iamais on ne s'eſtoit fait la guerre,

guerre, & qu'on n'estoit pas en
disposition, de iamais la recom-
mancer. Nos François neantmoins estoient toujours sous
leurs armes, & tous prests de
combattre, quoy que ces bonnes
gens fussent parmy eux, sans ver-
ge ny baston, se contentans de la
seule parole qu'on leur auoit
donnée, pour toute leur deffence.

On les traita auec amour, on
receu leurs presens, & on leur en
fit de reciproques, & apres vne
reiouïssance publique, de part &
dautre : ils s'en retournerent en
leur pays, rauis de ioye, d'auoir
trouué des esprits, & des cœurs
amateurs de la paix. Ie trouue
dans quelques memoires, qu'ils
donnerent parole, qu'on auroit
bien-tost de leurs nouuelles, &
on nous a mandé, que quelques

uns de cette Nation, sont descen-
dus à Quebec auec des presens,
comme il se verra au Chapitre
cinquiesme, où il est parlé de la
paix. Pour ceux dont nous parlons presentement, on nous dit,
qu'en passant, à leur retour, par le
Bourg d'Onneiout, ils deplierent
deuant les Habitans de cette
Bourgade, les presens qu'on leur
auoit faits a Montreal, racom-
ptans mille biens des François:
ce sont, disoyent-ils, des Demons
quand on les attaque : mais les
plus doux, les plus courtois, & les
plus affables, qui soyent au monde, quand on les traite d'amis : ils
protesterent, qu'ils alloient tout
de bon, contracter vne etroitte
alliance auec eux.

Les Onneichronnons voulu-
rent estre de la partie. Ils deleguerent quelque temps apres vne

Ambaſſade à Montreal, auec vn
grand colier de porcelaine, qui
rémoignoit, que toute leur Nation, vouloit entrer dans le traité
de paix, que les Onnontaeronnons auoient commancé auec les
François. Et pour donner quelque marque, de la fidelité de leur
parole, ils nous donnerent auis,
que ſix cent Iroquois Anniehronnons, eſtoient partis de leur païs,
à deſſein d'enleuer le Bourg des
François, baſty aux trois Riuieres:
ce qui s'eſt trouué veritable. Il
faut confeſſer, que Dieu eſt vn
grand ouurier, & qu'il fait en vn
iour, pour les hommes, ce que
les hommes n'oſeroient quaſi eſperer en trente ans. Ie dirois quaſi volontiers, dans ce changement
de l'eſprit des Iroquois, ce que diſoient deux Algonquins, il y a
quelques années, leur canot

ayant esté brisé au milieu du grand fleuue, ils se ietterent sur vne glace flottante, & voyans qu'ils s'alloyent perdre sans resource, ils firent vne petite priere à Dieu, quoy qu'ils ne fussent pas encor Chrestiens: Ils ne l'auoyent pas quasi commancée, que cette glace, quittant le courrant, qui l'emportoit, trauersa droit aux riues de ce grand fleuue, où s'estant doucement arrestée, ils se ietterent incontinent en lieu de sauueté, & à mesme temps, cette glace qui leur auoit seruy de batteau, fut fracassée deuant leurs yeux par d'autres glaces. Eux surpris de ce miracle, ne dirent autre chose, pour action de grace, que ces paroles: En verité, il a eu bien tost fait; nous n'auions pas encor acheué, le dernier mot de nos prieres, qu'il nous a deliurés

du naufrage. Difons le mefme a
l'egard des Iroquois. Ils eftoient
remplis de rage & de fureur : on
prie, on Ieufne, on à recours à la
Saincte Vierge , & à fon cher
Epoux Saint Iofeph, tant à Quebec, qu'aux trois Riuieres & à Montreal, & ces Barbares font chan-
gés en vn moment. En verité
Dieu à eu bien-toft fait, c'eft vn
grand ouurier , *Soli Deo honor &*
gloria, c'eft à luy feul, que ce grand
changement doit eftre attribué.

Quelque temps apres le changement, & le pourparler de ces
deux Nations, vne trouppe d'Iroquois Anniehronnons , s'eftant
iettée dans l'Ifle de Montreal,
pour molefter les François à leur
ordinaire, vne braue efcouade de
Hurons Chreftiens furuenant là
deffus , decouurit leur piftes, &
donna la chaffe à ces chaffeurs , fi

viuement, le propre iour de l'Af-
fomption de la Sainte Vierge,
qu'ils prierent le Capitaine de
ces Courreurs , & quatre des
principaux de fa fuitte , mettant
le refte en deroute. Cette prife a
bien feruy à la paix generalle de
tous ces peuples , comme nous
verrons cy-apres.

CHAPITRE III.

De ce qui s'eft paffé aux trois Riuieres.

IE fuiuray, quafi de mot à mot,
ce qui eft couché dans quelques lettres venuës de cette
Bourgade. Le Capitaine Aontari-
fati, dit l'vne de ces lettres , que
nos Sauuages prirent l'année paf-
fée , fut fi fort regretté de tous les
cantons des Iroquois d'enbas fes
compatriotes, qu'auffi toft que la

nouuelle de sa mort leur en fut
portée, il se fit vne ligue generale,
& vne resolution, de tirer vne san-
glante, & vne cruelle vengeance
de cette mort. Le massacre de
Monsieur du Plessis nostre Gouuerneur, & de quantité des principaux de nostre Bourg, n'assou-
uit point leur rage : les tourmens
horribles, qu'ils firent souffrir à
tous leurs prisonniers, tant François que Sauuages, n'eteignirent
point le feu de leur colere. Ils firent vn edit dans tous leur pays,
qu'on ne donneroit plus la vie à
aucun Huron pris en guerre : ce
qu'ils executerent en suitte, sur
quelques miserables qui tomberent entre leurs mains. Tout cela
leur parut peu de chose : il falloit
pour les consoler dans la perte
d'vn si grand homme en leur
idée, enleuer la Bourgade des

trois Riuieres, & mettre à feu & à
sang tous les François, & tous les
Sauuages qu'ils y rencontre-
roient.

Pour l'execution de ce dessein,
vne petite armée d'Anniehronnós
vint prendre son quartier d'Hyuer, à trois lieuës ou enuiron de
nostre Bourgade, dans le fond
des bois ; croyant nous surprendre, lors que les grandes neiges,
& les grands froids, nous feroyent
plutost penser au repos, qu'à la
guerre : mais Dieu qui ne vouloit
pas, nous donner en proye à ces
loups rauissans, nous fit decou-
urir les pistes de leurs espions, qui
s'estoient auancés iusques à vne
lieuë proche de nostre Bourg,
Cela nous mit dans la deffensiue.
On fortifia nos Bastions, & nos
Courtines, on redoubla les gar-
des, & les sentinelles : bref on se

tint si bien à couuert, que ces Ennemis, dont nous ne sçauions pas
le nombre, ne trouuans plus de
chasse, aux enuirons du fort qu'ils
auoient dressé, furent contrains
de secarter, & d'aller chercher
des viures, en leur pays, mais ils
n'y firent pas vn bien long sejour.

Si tost que la riuiere fut libre,
on ne vit de tous costés, que de
petites bandes de coureurs, qui
tachoient de surprendre quelque
chasseur, ou quelque Laboureur,
& ietter ceux qui les voudroient
sauuer, dans leurs embuscades.
Nos Sauuages se voyans si reser-
rés, & si souuent harcelés, prirent
courage, aymans mieux mourir
en combattans, que d'estre surpris, comme il arriuoit par fois à
quelque François, ou à quelques
vns de leurs compatriotes. Ils se
resolurent d'arrester l'insolence

de ces Trafons, qui nous venoient brauer, quafi iufques à nos portes. Dieu leur a donné benediction; car quoy qu'ils fuffent en petit nombre, ils ont fouuent pourfuiuy d'affés groffes trouppes: les contraignans de quitter leurs armes, leurs batteaux & leur bagage, pour fe fauuer dans les bois.

Le neufuiéme de May, vn petit canot Algonquin ayant apperceu vne embufcade, cachée à l'abry des Ifles des trois Riuieres, s'enfuit à forces de rames, non pour euiter le combat, mais pour mettre à terre en vn cap, où il y auoit des François retranchés, vne femme qui eftoit dans leur petit batteau, fi toft qu'elle fut en affurance, ils tournent vifage vers les ennemis, qui les pourfui-uoient, ils n'eftoient que trois

hommes dans cette petite gon-
dole, & les Iroquois rempliſſoient
trois de leurs grands canots.
Quand ces Iroquois virent la reſo-
lutió de nos trois guerriérs qui tachoient de les aborder, ils furét ſi
ſurpris, & ſi étónés, qu'ils ſe mirét
en fuitte: croyans que d'autres les
pourroient pourſuiure puis qu'ils
eſtoient decouuerts.

Le treiſiéme du meſme mois,
Monſieur de Lauſon Gouuerneur
pour ſa Maieſté dans tout le pays,
venant viſiter noſtre Bourgade: il
arriua, qu'a meſme temps qu'on
tiroit le canon par honneur, pour
le ſaluer, que quattre ou cinq Laboureurs, qui tenoient le man-
che de leurs charuës, dans la campagne voyſine, furent inueſtis par
vne trouppe d'Iroquois, qui en
tuerent deux. Nos Sauuages les
pourſuiuirent, mais vn peu trop

tard : ils trouuerent seulement le bagage de ces voleurs, qu'ils auoient abandonné, pour courir plus legerement, & pour se mettre plutost hors des dangers d'estre attrapés.

Le vingt-huitiéme, ces Chasseurs ayans tué vn petit enfant François, quasi à la portée du fusil de nos habitations, le canonier, voiant qu'il ny auoit personne pour les poursuiure, mit le feu à vne piece de canon, pour donner le signal : mais le canon creua, & rompit vne iambe à ce pauure homme, qui mourut peu de iours apres de sa blessure.

Le trentiéme, cette mesme bande surprit vn ieune Huron, que quelques Laboureurs auoient mis en sentinelle, sur le bord du bois, pendant qu'ils trauailloient à la terre. Ils le menerent dans vn

fond, enuiron à demië lieuë de la
Bourgade: où ils le firent affeoir,
pour luy demander en quelle
pofture nous eftions, & pour
apprendre l'eftat de nos affaires.
Ce bon garçon fut adroit, il leur
parla en forte que ces brigands,
ne croyans point qu'on les deût
fuiure s'arrefterent vn peu trop
long-temps en ce lieu pour leur
bien, car nos Hurons furuenans,
non feulement leur firent lacher
leur proye, mais ils en prirent encor quelques vns deux prifonniers, qu'ils ramenerent au fort,
Ie ferois trop long, fi ie voulois
rapporter toutes les attaques, les
pourfuittes, & les prifes qui fe
font faites depart & d'autre és enuirons de cette Bourgade, venons
au fiege qu'ils ont fait à leur mode.

Quoy que les Sauuages ne

plantent pas des sieges à la façon
des Europeans, ils ne manquent
pas neanmoins de conduitte dedans leurs guerres : en voicy vne
preuue. Les Iroquois Anniehronnons, ayans dessein d'enleuer la
Bourgade des trois Riuieres, plutost par surprise, que par force, ils
enuoyerent premierement, autant que ie peux conjecturer,
quelques petites trouppes deta-
chées de leur gros, à Montreal, &
vers Quebec : afin d'occuper nos
François, & leur oster l'enuie, aux
vns de descendre aux trois Riuieres, & aux autres dy monter, &
par ce moyen empescher le secours, qu'on auroit peu donner à
la place qu'ils vouloyent prendre.

Cela fait, ils se vinrent cacher iusques au nombre de cinq cent,
dans vne ance fort voysine du

Bourg des trois Riuieres: la pointe
qui forme cette ance, les cou-
uroit en sorte, qu'on ne les pouuoit apperceuoir. La nuit venuë,
ils se diuiserent en trois bandes;
ils enuoierent vn canot de dix
hommes, dans de petites Isles qui
sont toutes voisines du fort, & du
Bourg des trois Riuieres, & ils firét passer onze canots, au dela du
grand fleuue vis à vis de ce fort.
Le reste se cacha dans les bois
derriere nostre Bourgade, voicy leur pensée dans cette conduitte.

Comme ils voyoient des bleds
d'inde plantés dans ces petites
Isles, ils creurent, que ceux à qui
ces bleds appartenoient, viendroient du matin trauailler à
leur champs, comme c'est la cou-
stume, & que ces dix hommes,
qui estoient en embuscade, pren-

droient quelqu'vn, qu'ils emmé-
neroient dans leur petit batteau,
paſſant deuant le fort, afin de
porter les François à les pourſuiure, & alors les onze canots, qui
eſtoient cachés à l'autre riue du
fleuue, viendroient au ſecours, &
en ſuitte, ils s'imaginoient que les
François s'eſchauffans ſortiroient
de leur Bourg, & ſe viendroient
ietter à la foule ſur les bords de
ce grand fleuue, partie pour s'en-
barquer, & deffaire ces douze canots : partie pour voir ce combat,
& pendant que les vns & les autres, ſeroient occupés à voir, & à
combattre, le gros qui eſtoit caché derrier la Bourgade, la deuoit facilemét ſurprendre, eſtant
depourueuë de la plus part de ſes
Habitans. Mais la choſe ne reuſ-
ſit pas comme ils pretendoient,
car nos Sauuages, à qui ces bleds
appartenoient

appartenoient, ne s'éloignerent
point de leurs cabanes ce iour là,
qui estoit le vingtiéme d'Aoust,
& ainsi personne ne bransla : eux
demeurans cachés , & nous dans
l'ignorance, que nous eussions de
si mauuais voisins.

Le lendemain quelques be-
stiaux s'estans egarés , les Habitans François prierent des Sauuages de les aller chercher dans les
bois , ou sur les riues du grand
fleuue : ceux qui se mirent en deuoir d'executer cette commis-
sion , retournerent bien-tost sur
leurs pas , disans qu'ils auoient
veu les pistes d'vn grand nombre
de personnes , & que l'ennemy
n'estoit pas loing. A mesme
temps quelques moissonneurs
quittans leur ouurage , coururent vers la Bourgade, asseurans
qu'ils auoient veus de nouueaux

visages, des gens vestus d'vne façon extraordinaire , qui se tenoient à couuert dans les bois.
On enuoya des espions qui
n'ayans rien rencontré, on fit passer ces auis pour des craintes mal
fondées, ou pour des terreurs pa-
niques.

Le vingt-deuxiesme du mesme
mois, on retourna au trauail des
moissons, & pour assurer les moissonneurs, on posa quelques sentinelles à l'orée des bois. Les Iroquois impatiens , coururent sur
l'vne de ces sentinelles pour sçauoir l'estat de nostre habitation.
Cét homme gagne au pied, mais
ils l'attraperent, & luy donnerent
deux ou trois coups de masse, ou
de hache sur la teste , qui l'offen-
cerent beaucoup, mais ces coups
ne furent pas mortels. On ne dou-
ta plus pour lors , que les enne-

mis ne fuſſent en campagne, ou
pluſtoſt dans les forets.

Le vingt-troiſiéme ils parurent
ſur l'eau, auſſi bien que ſur la terre. Le canot qui s'eſtoit caché dedans les Iſles, dont i'ay fait mention, voyant que perſonne ne pa-
roiſſoit, quitte ſon poſte pour trauerſer la riuiere, & pour s'aller
ioindre à ces onze batteaux que
l'ennemy auoit mis en embuſca-
de ſur l'autre riue. On luy donna
la chaſſe, non tant pour le combattre, que pour découurir par
ſon moyen, ſi les ennemis
eſtoient en grand nombre. Mais
comme on ne le pût attraper, le
Capitaine du fort enuoya vne
chaloüppe armée de bons hommes au haut du fleuüe.

Ecoutons le parler, i'ay tiré ce
qui ſuit de la copie de l'vne de ſes
lettres. A peine nos gens étoient

ils eloignés d'vn quart de lieuë
du fort, qu'ils apperceurent vn
grand nombre de canots,
echoüés dans vne ance : ils dé-
chargent deſſus leurs armes à feu,
& auſſi-toſt reprennent leur route vers le fort. Le Tambour, à qui
i'auois commandé de donner
quelques coups de baguettes ſur
ſa caiſe, en cas que la chalouppe
eut découuert l'ennemy, me ra-
pella dans le fort ; comme i'en ap-
prochois, ie vy vn grand nombre
d'Iroquois, courans à bride abba-
tuë, comme on dit, a trauers les
champs, faiſant mine de venir attaquer la Bourgade. Ie crie aux
armes : ie fay fermer les portes, &
rouler deux pieces de canon, que
i'auois diſpoſé pour ce ſujet. Ces
Barbares au bruit de ce tonner-
re, ſe iettent ſur des beſtiaux qui
paſſoient proche du Bourg, ils les

pouſſent dans le bois, & les ayans maſſacrés, ils courent ſur les riues du grand fleuue, déchargeans leurs fuſils ſur noſtre chalouppe, qui ſe vit aſſaillie de tous coſtés: car les onze ou douze canots, dont nous auons parlé, vinrent fondre ſur elle, la voulant contraindre de s'approcher de la terre pour eſtre battuë, & par eau & par terre. On fit feu de tous coſtés: l'air fut bien-toſt remply de flammes & de fumée. Ie fit tirer plus de vingt coups de canon en vn quart d'heure, qui n'eurent autre effet, pour ce que nos boulets n'eſtoient pas de calibre, que de faire retirer l'ennemy, & donner paſſage à noſtre chalouppe, qui ſe defendit vaillamment, & auec vn bon-heur: car nos gens tirerent & bleſſerent quelques Iroquois, & pas vn deux ne receut aucun dommage.

Ces demis Demons voyans qu'ils auoient esté maltraités, allerent décharger leur colere sur nos bleds d'Indes, & sur nos bleds François. Ils couppoient tout ce qu'ils pouuoient rencontrer, bruslans les charruës, & les charettes laissées en la campagne, pour mettre le feu dans les tas de pois, & de bled qu'ils ramassoient : ils mirent le feu en quelques maisons écartées, tuerent les bestiaux des Peres, qu'on n'auoit peu retirer assés tost : en vn mot, on eut dit qu'ils estoient enragez, tant ils faisoient paroistre de fureur.

Ie fi rouler vn canon, sur vn platon, & ie le fi tirer dessus eux; les Sauuages s'auancerent, faisant quelques escarmouches, & dans ces petits combats vn de nos Algonquins receut vn coup de fusil au genoüil, & nous bleſſaſmes, & tuaſmes quelques Iroquois.

Enfin ces Barbares ſe retirerent faiſant mine d'auoir aſſoupy leur rage, & leur vengeance : mais à deſſein de s'approcher la nuit de la Bourgade pour y mettre le feu, n'eſtant enuironnée en pluſieurs endroits que de gros arbres. Nous fuſmes ſous les armes tant que la nuit dura, ie redoublay les ſentinelles : le Trompette, & le Tambour ioüerent quaſi toûjours au fort. On n'entendoit par tout que ces paroles, qui va là : la Redoute tira pluſieurs coups d'arquebuſe, ſi bien que l'ennemy qui faiſoit ſes approches, épouuanté par ces bruits, deſeſpera de nous pouuoir ny prendre, ny ſurprendre.

Pendant cette nuit, arriua vn canot Algonquin qui venoit de la chaſſe, & qui fut bien eſtonné de

ſe voir ſain & ſauue au milieu de
tant de dangers. Il arriua auſſi vn
canot François, qui nous dit que
le Pere Poncet auoit eſté pris au
Cap rouge, és enuirons de Quebec; & qu'vne eſcoüade de quelques François & quelques Sauuages Chreſtiens bien reſolus, pour-
ſuiuoient ceux qui l'auoient enleué : mais le rencontre des Iroquois, qui nous tenoient comme
aſſiegés, leur fit changer de deſſein. Dieu nous enuoioit ce ren-
fort, qui releuant noſtre courage, affoiblit autant le cœur de
nos Ennemis.

Le lendemain vingt-quatriéme
d'Aouſt, ils ſe répandirent vne
autre fois dans nos petites campagnes, recommençans leurs de-
gats, noſtre canon les empeſcha
bien de s'approcher de trop prés,
mais il n'arreſta point nos Hu-

rons, qui ayans vne paſſion de
ſçauoir des nouuelles de leurs parens, & de leurs amis, pris autrefois en guerre, & deuenus Iroquois, s'approcherent doucement des Ennemis pour leur parler. S'eſtans reconnus les vns les
autres, la confiance ſe gliſſa petit
à petit de part & d'autre, ſi bien
qu'en peu de temps, ce ne furent
plus que conferences, & qu'entretiens d'Iroquois auec les Hurons ; cela continua quelques
iours en ſorte qu'on eut dit, que
iamais on ne s'eſtoit battu. Nous
faiſions bonne garde de noſtre
coſté, chacun demeurant en ſon
poſte, & ſous les armes. Quelques Hurons du party Ennemy,
ſe vinrent rendre à nous. Comme
on vid ces grands pourparlers, &
qu'on ne douroit point que les
Ennemis ne cherchaſſent l'occa-

fion de nous furprendre, il fut
propofé en la maifon de Ville, fi
on les tromperoit eux mefmes:
mais il ne fut pas iugé à propos,
pour plufieurs raifons.

Enfin on en vint iufques là, que
les Ennemis s'approchoient de
nous fans armes, ils nous firent
mefme des prefens à diuerfes fois,
proteftans qu'ils n'auoient plus
d'amertume, ny de venin dedans
le cœur. Vn Huron Iroquifé s'e-
ftant gliffé parmy nos gens, em-
mena au camp Ennemy vne fien-
ne fille, qu'il rencontra parmy
nous, & luy & les Iroquois appri-
rent beaucoup de chofes de fa
bouche, bonnes & mauuaifes.
Elle leur dit, qu'il nous eftoit venu quelque fecours, qu'vne
compagnie de Hurons auoit pris
des Iroquois à Montreal, & qu'on
attendoit de iour à autre, les vi-

ctorieux, & les vaincus. Cela fut
cause de leur retardement : car
dans les presens que nous nous
estions faits les vns aux autres, ils
nous auoient donné parole, qu'ils
s'en retourneroient bien-tost en
leur pays , mais ils voulurent attendre le retour de ces Hurons ,
qui amenoient de leurs gens prisonniers. Dans cette treve ou
attente , ils parlerent de rendre
prisonniers pour prisonniers, ils
promirent de ramener le Pere
Poncet , & le François qui auoit
esté pris auec luy.

Le trentiesme du mois d'Aoust,
les Hurons retournans de Mont-
treal , auec leurs prisonniers Iroquois Anniehronnons , tomberent non pas tous , mais en partie
entre les mains des Ennemis qui
les attendoient. Nous dirons au
Chapitre de la paix comme tout

se passa entre les Iroquois pris
par les Hurons: il y auoit vn Capitaine de consideration , il parla
fortement à ses compatriotes,
qu'il trouua desia tous disposés à
la paix, poussés par vn esprit plus
secret , que celuy qui anime les
hommes.

Ils enuoyerent promptement
deux canots en leur pays , pour
empescher qu'on ne fit aucun
mal au Pere, & à son compagnon,
si on les trouuoit encor en vie : &
apres auoir renuoyé les Hurons
en nostre fort , les principaux
d'entre eux nous venoient visiter,
entrans & couchans en nostre
Bourgade auec autant de témoi-
gnage d'asseurance, que s'ils eussent esté nos plus fideles , & plus
constans amis. Bref ils nous ont
laissé quatre ou cinq de leurs gens
en ostage , protestans qu'ils ra-

meneroient le Pere dans peu de
iours, & qu'ils viendroient traiter
la paix auec nous , mais vne paix
veritable & du fond du cœur:voi-
la vn abregé de deux lettres venuës des Trois Riuieres , où ces
choses susdites se sont passées , ce
qui suit est tiré d'vne troisiéme
qui a esté escrite par vn Pere de
nostre Compagnie.

Nous attendons de iour à autre
le resultat d'vn Conseil , ou d'vne
assemblée generale , que tiennent nos Ennemis en leur pays,
sur la proposition de la paix qu'ils
nous ont faite eux-mesmes, apres
mille actes d'hostilité , & mille
efforts de prendre nostre Bourgade des Trois Riuieres. Ils ont
esté fideles dans la treve de quarante iours , qu'ils nous auoient
accordées:car ils n'ont point paru
du tout pendant ce temps là , &

nous auons marché fur terre, & vogué fur les eaux, fans aucun mauuais rencontre. l'adjoufteray pour conclufion de ce Chapitre, que les Onnontaeronnons defcendans à Quebec pour traiter de la paix, les Anniehronnons, dont nous venons de parler, deleguerent quelques-vns d'entr'eux pour entrer dans ce mefme traité, comme il fera remarqué dans le Chapitre de la paix.

CHAPITRE IV.

De la prife & de la deliurance du Pere Iofeph Poncet.

LEs Iroquois ayans maffacrez au mois de Iuin quelques François au Cap rouge, lieu éloigné de trois lieuës ou enuiron du fort de Quebec, furprirent au

mefme endroit le vingtiefme du
mois d'Aouft dernier paffé le P.
Iofeph Poncet, & vn François
nommé Maturin Franchetot. Ce
bon Pere, voyant qu'vne pauure
vefue Françoife auoit du grain
fur la terre, & qu'elle manquoit
de bras pour le ramaffer, s'en alloit en ce quartier là, chercher
quelques bonnes perfonnes, qui
la vouluffent aider à faire fa petite recolte. Il venoit de parler au
François que ie viés de nommer,
quelques Iroquois fortans de la
foreft voifine, où ils eftoient ca-
chez en embufcade, fe jetterent
fur eux feparément, & à l'impro-
uifte, & les entraifnerent. On a
commandé au Pere à fon retour,
de coucher fur le papier fa prife,
& toutes les auantures, il a obey
auec repugnance, fouhaittant
que fes Croix ne fuffent connuës

que du Roy des crucifiés : mais
vne partie de ſes memoires a eſté
dechirée par les Anglois. Nous
ſuiurons dans ce Chapitre ce qui
eſt venu entre nos mains , apres
auoir rapporté deux ou trois petits mots d'vne lettre eſcrite ſur
ce ſujet.

Si toſt que la nouuelle fut apportée à Quebec , que les Iroquois auoient enleué le P. Poncet, comme il eſtoit aimé de tout
le monde, non ſeulement on en
conceut vne triſteſſe generale ;
mais trente ou quarante François,
& quelques Sauuages Chreſtiens,
prirent vne forte reſolution de le
retirer des mains de ces Barbares ; quoy qu'il leur en couſtaſt.
Ils monterent en canot le lendemain de ſa priſe , à deſſein de pre-
uenir l'Ennemy, l'allant attendre
en quelque endroit où il deuoit
passer,

paſſer, pour le ſurprendre au paſ-
ſage. On fait icy tant de prieres,
en public & en particulier, depuis
leur depart, que ie ne puis penſer
autre choſe, ou que Dieu nous le
rendra, ou que par ſon moyen, il
donnera la paix au dedans, & au
dehors de ce pauure païs. Et plus
bas dás la meſme lettre, le P. Poncet fut pris le vingtiéme d'Aouſt
ſur le ſoir, le vingt-vniéme, nos
coureurs le ſuiuirent ſur la nuit,
& voila, que le vingt-ſixiéme, l'vn
des canots qui eſtoient allés donner la chaſſe aux voleurs, qui l'emmennent, nous rapporte nouuelle, que ces coureurs ſe ſont arre-
ſtés aux Trois Riuieres, pour ſe-
courir la Bourgade, infeſtée par
cinq cens Iroquois, qui la tiennent bouclée, rodans aux enuirons de tous coſtés. Ceux qui ſont
retournez dans ce canot, nous

D

difent qu'ils ont trouué proche l'Ifle de fainct Eloy, deux vifages crayonnez auec du charbon, fur vn arbre, dont on auoit enleué l'écorce, & les noms du Pere Poncet, & de Mathurin Franchetot, écrits au deffous de ces deux vifages. De plus, qu'ils ont remontré au mefme endroit, vn liure dans lequel eftoit efcrit le fens de ces paroles : Six Hurons Iroquifez, & quatre Anniehronnons, emmennent le P. Poncet, & Mathurin Franchetot, ils ne nous ont encore fait aucun mal. C'eft leur couftume de traiter doucement leurs prifonniers, tant qu'ils font encor dans la crainte d'eftre attrappez. Voila ce qui m'a efté recrit fur la prife de ce bon Pere. Venons maintenant aux lambeaux de fes memoires, dont ie feray vn petit abbregé.

Nous arriuaſmes, dit il, à vne
Riuiere fort rapide, où l'armée
qui eſtoit allée aux Trois Riuieres
auoit campé. Le Barbare qui m'a-
uoit pris au Cap rouge, m'oſta le
Reliquaire que ie portois au col,
& le pendit au ſien : comme il
couroit, certain iour dás les bois,
ce Reliquaire s'ouurit, & toutes
les Reliques furent perduës, il ne
reſta dans la petite boëte de cui-
ure, qui compoſoit ce Reliquaire, qu'vn petit papier, ſur lequel
i'auois eſcry de mon propre ſang,
comme i'eſtois encore au païs
des Hurons, les noms de nos Peres martyriſez en l'Amerique, &
vne petite Oraiſon, par laquelle
ie demandois à Noſtre Seigneur,
vne mort violente pour ſon ſerui-
ce, & la grace d'y répandre tout
mon ſang. De ſorte, qu'ayant
adroitement retiré ce papier,

d'entre les mains de ce Barbare, ie voyois sans cesse deuant mes yeux, la sentence de ma mort, écrite de mon propre sang, si bien que ie ne m'en pouuois dedire. I'auois neantmoins vne pensée, que ces grandes ames, & ces braues courages, qui m'auoient precedez en ce combat, auoient esté effectiuement immolez, comme ayans des vertus veritables , & que moy qui n'en auois que les ombres, & la figure, ne serois crucifié qu'en peinture.

I'auois encor dans mon Breuiaire, vne Image de S. Ignace, auec Nostre Seigneur portant sa Croix, mystere propre de nostre Compagnie, auquel ayant toûjours esté fort affectionné, il luy a pleu de m'y donner quelque part, dans les fatigues extraordinaires que i'eus dans ce chemin,

l'Image de Noſtre Dame de Pi-
tié, entourée des cinq playes de
ſon Fils, m'eſtoit auſſi reſtée, e'e-
ſtoit ma plus grande recreation,
& mon reconfort, dans mes de-
treſſes : mais la crainte que ces
ſaints portraits ne fuſſent mépri-
ſez, me fit reſoudre de m'en pri-
uer, & de les cacher dans vn
buiſſon.

Ie garday vne petite Couronne
de Noſtre Seigneur, qui me reſta
ſeule de tout ce que ie portois ſur
moy, quand ie fus pris. Ie la ca-
chay ſi bien qu'elle ne fut iamais
apperceuë de ces Barbares.

Pour reuenir à noſtre voyage.
Quand il fut queſtion de paſſer
le Torrent, dont i'ay parlé; on me
commanda de le trauerſer à beau
pied, i'eſtois deſia tout moüillé,
ayant paſſé la nuit, dans des her-
biers tous trempez de la bruine,

& de la rofée de la nuit, qui fut
fort froide. I'eus de l'eau iufques
à la ceinture dans ce Torrent,
tout cela, auec le manque de
nourriture, me caufa de grandes
coliques, & des peines exceffiues.
Ie ne laiffay pas neantmoins de
faire toutes mes deuotions à l'ordinaire, me confolant doucement auec Noftre Seigneur, de
la main duquel ie prenois cette
Croix, & non pas de la main des
hommes.

Il me prit dans ces trauaux, vn
fi grand engourdiffement en la
jambe gauche, & ie receuois vne
fi grande incommodité, d'vne
groffe ampoulle qui me vint fous
le mefme pied gauche, que mes
hoftes furent contrains de faire
vn gifte, auquel ils ne s'attendoient pas. Ils n'auoient plus
qu'vn morceau de chair boüillie,

qu'ils auoient gardée de leur dernier repas, croyans arriuer en
lieu, où ils trouueroient des viures : ils le mangerent, dans la
mesme hostellerie, où nous auiós
logez en tout nostre voyage, sous
la voûte du Ciel ; & comme ie me
sentois extremement épuisé, i'eus
recours à mes deux Patrons, Saint
Raphaël, & Sainte Marthe : leur
disant doucement en mon cœur,
que i'aurois bien besoin de quelque rafraischissement, dans la soif
que i'endurois ; & d'vn peu de
boüillon, dans mon épuisement.
A peine auois-je formé ces sentimens en mon cœur, que l'vn de
nos códucteurs, m'apporta quelques prunes sauuages, qu'il trouua, par grande auanture, dans les
bois : car plus de six cens hómes
auoient passé par cét endroit. Sur
la nuit, ayant eu bien de la peine

d'auoir vn peu d'eau nette, pource que nous estions dans vn vilain
marais, ie me couchay, & m'en-
dormy, sans autre reconfort que
de ma lassitude : mais ie fus bien
estóné, que mon hoste m'éueilla,
& me presenta vn boüillon, sans
sçauoir comment il l'auoit pû
faire.

Le lendemain matin, il fallut
partir sans desieuner, & marcher
auec vne jambe, & vn pied estro-
pié, & vn corps tout rompu : i'at-
tribuë la force, que Dieu me donna, à mes chers Patrons, notamment à S. Ioseph, auquel i'auois
vn grand recours. Estans arriuez,
à deux heures apres midy, proche
de la riuiere qui descend au
quartier des Hollandois, au delà
de laquelle est placé le premier
Bourg des Iroquois, on nous
commanda de nous dépoüiller,

& de quitter ce qui nous reſtoit
de nos habits François ; n'ayant
plus qu'vn brayer, on ietta ſur
mon dos, vne houppelande bleuë
toute dechirée, & on laiſſa à mon
compagnon, vn vieux pourpoint
de toile tout rompu. Quelques
Sauuages de noſtre bande, ayans
pris le deuant, eſtoient retournez
iuſques à cette riuiere auec leurs
femmes, apportans des epics de
bled d'Inde, & des citroüilles du
païs à nos conducteurs, iamais on
ne nous en preſenta vn ſeul morceau. Il eſtoit tard, nous eſtions à
ieun, eſtrangement haraſſez du
chemin, couuers de haillons fort
ſales, & pour rafraichiſſement on
nous commanda de chanter, &
de marcher en cét equipage. C'e-
ſtoit le cómencement du triom-
phe de nos victorieux, i'entonnay
les Litanies de la ſainte Vierge,

le *Veni Creator*, & autres Hymnes
de l'Eglise.

Comme nous passions la riuiere des Hollandois, ie confessay
mon compagnon, qui se voulut
disposer à la mort, ayant apperceu, enuiron quarante ou cinquante Iroquois, qui paroissoient
nous attendre auec des bastons à
la main. On nous dépoüilla tous
nuds, à la reserue de nos brayers,
& on nous fit passer au trauers de
ces Barbares, rangez en haye. Ils
me donnerent quelques coups
de houssines sur le dos : mais
comme ie doublois le pas, l'vn de
ces bourreaux m'arresta tout
court, me prenant par le bras,
qu'il estendit, pour me deschar-
ger vn coup d'vn gros & court
baston, qu'il éleua en l'air : ie donnay mon bras à Nostre Seigneur,
croyant qu'il m'alloit casser &

briſer l'os, entre le coude & le poi-
gnet : mais le coup portant ſur la
iointure, i'en fus quitte pour vne
meurtriſſure, qui s'eſt euanoüie
auec le temps. Entrez que nous
fuſmes dans la Bourgade, on me
fit monter le premier, ſur vn eſ-
chaffaut, planté au milieu de la
place publique, éleué enuiron de
cinq pieds ; mon compagnon y
vint bien-toſt apres moy, portant les marques des baſtonna-
des qu'il auoit receuës : on voyoit,
entr'autres, les veſtiges d'vne
faſcheuſe, & douloureuſe cingla-
de, au trauers de ſa poitrine.

Ie me ſentois ſi fort, & ſi paiſi-
ble ſur ce theatre, & i'enuiſageois
ceux qui me regardoiét, d'vn œil
& d'vn eſprit ſi ſerain, que ie m'e-
ſtonnois de moy-meſme. Ie ſenty
neantmoins quelque frayeur, à la
veuë d'vn certain Borgne, qui

portoit vn cousteau d'vne main, & vn morceau de leur pain de l'autre. Ie me souuenois que le bon Pere Isaac Iogues, auoit perdu l'vn de ses poulces sur vn semblable eschaffaut, & ne me sentant point pour lors, dás la disposition de luy donner mes doigts, ie m'addressay à son bon Ange, & cét homme s'estant auancé, donna le pain, qu'il tenoit, à mon compagnon, & puis se retira sans fare aucun mal. Vne pluye suruenant, écarta les spectateurs, & on nous conduisit sous vn petit toit, à l'entrée d'vne cabane. Là on nous fit chanter, Dieu me mit dans vne telle soumission à ces Barbares, & ie m'abandonnay si fortement à toutes sortes de mépris, qu'il n'y auoit rien que ie ne ne fisse, pouruëu qu'il me fut commandé, & qu'il ne fut pas

contre la Loy de Dieu. Ie diray
icy en paſſant, ce que i'ay remarqué dans vne lettre particuliere.
Que le Pere, ne reüſſiſſant pas
dans toutes ces ſingeries , ſelon
l'idée des Sauuages ; qui, par con-
ſequent, eſtans moins ſatisfaits,
l'auroient pluſtoſt condamné à
mort ; vn ieune Huron captif parmy ces peuples , ſe preſenta pour
chanter , pour danſer, & pour faire toutes les grimaces, en la place
du Pere, qui n'auoit iamais appris
ce meſtier.

Sur le ſoir, pourſuit le Pere, on
nous conduiſit dans la cabane de
celuy qui m'auoit pris ; & là on me
donna vn plat de leur ſagamité,
c'eſt de la boüillie faite auec de
l'eau, & de la farine de bled d'Inde. Les vieillards s'eſtans aſſem-
blez, dans cette cabane, vne femme preſenta vne braſſe de Porce-

laine, pour me faire coupper vn
doigt. Ie n'eus plus de repugnance de donner mes mains; veu
mefmement, que dans les efpe-
rances que i'auois euës de la vie,
pendant mon voyage, & dans les
defirs de trauailler en fuitte à la
paix; ie croyois toufiours qu'il
eftoit expedient, que i'en portaſſe
les marques, & qu'il m'en coutaſt
quelque doigt. Si bien que ie ne
m'addreſſay plus aux Anges de
ces Barbares, pour éuiter cette
croix: mais bien à Saint Gabriel,
pour obtenir la force de la fouf-
frir gayement. Le Borgne qui s'e-
ftoit approché de noftre efchaf-
faut, pour faire ce qu'il n'executa
pas pour lors, me prit la main
droite, confiderant mes doigts;
& comme i'auois la penfée, que
les doigts de cette main, m'e-
ftoient vn peu plus neceffaires,

que ceux de la gauche : il la prit,
quittant la droite , & appellant
vn enfant âgé de quatre à cinq
ans, il luy donne ſon couteau : me
prit l'index, ou le ſecond doigt de
la main gauche , & le fit couper
à cét enfant. l'offry mon ſang , &
mes ſouffrances , pour la paix : re-
gardant ce petit ſacrifice d'vn œil
doux, d'vn viſage ſerain , & d'vn
cœur ferme : chantant le *Vexilla,*
& ie me ſouuiens, que ie reïteray
deux ou trois fois le couplet, ou
la Strophe, *Impleta ſunt quæ conci-*
nit, Dauid fideli carmine , dicendo na-
tionibus, regnauit à ligno Deus.

L'Hymne acheué , & le doigt
coupé, cét homme me mit au col,
vne partie de la Porcelaine, que
cette femme auoit donnée, & de
l'autre il entoura mon doigt coupé, qu'il porta à celuy qui m'a-
uoit pris. Or comme le ſang ſor-

toit de la playe en abondance,
ce Borgne y voulut appliquer
le feu de sa pippe à prendre du
tabac, pour l'estancher : ce qui
m'auroit causé vne grande douleur: mais il fut preuenu par d'autres, qui y firent appliquer vn
charbon ardent, par le mesme
enfant qui l'auoit coupé. Le sang
ne laissant pas de couler, on me
l'enuelopa quelque temps apres,
d'vne fueille de bled d'Inde, &
ce fut tout l'appareil qu'on y mit,
iusques à ce qu'on m'eut donné
la vie. I'abbregeray, adjouste le
Pere, ce qui suit, puis qu'il me
semble qu'on me l'arrache des
mains.

Le lendemain on nous mena
dans vne autre Bourgade, où se
deuoit tenir vne grande Assemblée des notables du païs. Vne
femme m'osta mes souliers,

croyant,

croyant, peut-estre, qu'on nous alloit executer à mort. Ie fis dõc ce
voyage nuds pieds, & nud teste.
Nous fusmes exposez trois iours
& deux nuits, sçauoir est le Vendredy, le Samedy, & le Dimâche,
qui estoit la veille de la Natiuité
de la saincte Vierge, à la risée, aux
brocards, & aux insolences des
enfans, & de tout le monde : nous
participasmes à la promesse, qui
fut faite au Fils de Dieu, deuant
sa naissance. *Saturabitur opprobrys.*
Il sera repeu d'opprobres : c'estoit
nostre grand mets, depuis le matin iusques au soir, dedans la grande place publique, où nous
estions exposez. Les vns me donnoient des coups de leurs calumets sur mon doigt coupé : d'autres y appliquoient des cendres
bruslantes : quelques vns m'y
donnoient des chiquenodes :

d'autres y appliquoient le feu de leur tabac ; & d'autres la pierre chaude de leurs petunoirs. En vn mot, chacun nous faisoit quelque mal, selon sa fantaisie. Voila ce que nous souffrions au dehors; & au dedans, nous n'attendions, pour le dernier acte de cette tragedie, que des tourmens horribles, & épouuentables.

La nuit du Vendredy au Samedy, ils bruslerent dans le feu de leurs calumets, les deux Index de de la main gauche, & de la main droite du pauure Mathurin mon compagnon: ce qu'il endura auec vne patience admirable, chantant l'*Aue maris stella* dans ses souffrances. Nous fusmes liez fort rigoureusement, pendant ces deux nuits ; on attacha les liens de nos pieds, & de nos mains, si haut, & d'vne façon si rude & si maussade,

que nous estions à demy suspen-
dus en l'air, ce qui nous causoit
vne douleur tres-grande, & si sen-
sible, qu'vn bon vieillard voyant
bien qu'elle estoit insupportable,
lascha nos liens, & nous soulagea
vn petit.

Les Anciens commanderent à
la ieunesse, de se contenter, l'vne
de ces deux nuits, de nous faire
chanter & danser, sans nous cau-
ser d'autres tourmens. Ce qui
n'empescha pas, qu'en passant aupres des feux, qui estoient en la
cabane, ceux qui les entouroient,
ne nous appliquassent quelque
tison ardent sur la chair. Ie receus
vne bonne part de ces brusleures.

Le Dimanche se passa en conseils & en assemblées, pour sçauoir ce que l'on feroit de nous.
Sur le soir, on prononça nostre
sentence: mais en des termes, que

ie n'entendy point. Ie la pris pour
vne sentence de mort, & mon
esprit s'y trouua si disposé, qu'il
sembloit que ie voyois la grace
toute preste, pour me soustenir
dans la cruauté des derniers tourmens: mais ma sentence estoit
plus douce. Ie fus donné à vne
bonne vieille femme, en la place
d'vn sien frere, pris ou tué par
ceux de nostre party. Ie n'auois
pas pour cela la vie sauue: car cette femme me pouuoit faire mourir par tous les tourmens que la
vengeance auroit pû suggerer à
son esprit: mais elle eut compas-
sion de moy, me deliurant de la
mort, au temps que l'Eglise honore la naissance de la saincte
Vierge. Ie prie Dieu de recom-
penser cette bonté. Si tost que ie
fus entré en sa cabane, elle se mit
à chanter vne chanson des morts:

que deux de ſes filles pourſuiuirent auec elle. I'eſtois aupres du
feu, pendant ces chants lugubres:
on me fit aſſeoir ſur vne eſpece de
table vn peu éleuée : & alors ie
connu, que i'eſtois donné pour
vn mort, dont ces femmes renouuelloient le dernier deüil, faiſant
reſuſciter le treſpaſſé en ma perſonne, ſuiuant leur couſtume. Ie
rencontray dans cette cabane,
vne Algonquine captiue, adop-
tée dans cette famille ; où ie me
voyois auſſi adopté, comme ie
l'auois veuë autrefois, & que i'en-
tendois ſa lague, cela me réjoüit.
Ie trouuay auſſi vn Huron de mon
ancienne connoiſſance, ce qui
augmenta ma ioye.

Auſſi-toſt que ie fus fay parent
de ma maiſon, on commença de
penſer mon doigt à la Sauuage:
on y appliqua ie ne ſçay quelles

racines, ou ecorces cuittes, qu'on
enueloppa d'vn chiffon de toille,
plus gras qu'vn torchon de cuifi-
ne. Ce cataplafme me dura quinze iours, fi bien qu'il s'endurcit,
en forte qu'il m'eftoit fort incom-
mode. On me donna vne demie
couuerte, pour me feruir de robe,
& de lict, & quelque temps apres,
on me fit des chauffes, & des fou-
liers à leur mode; on me donna
auffi vne vieille chemife fort graf-
fe, & tout cela auec tant de bonté fauuage, & auec vne fi grande
affection, que ie n'ay point éprou-
ué plus de cordialité parmy les
Sauuages, qui nous font amis. De
plus, on alla payer ma vie à celuy
qui m'auoit pris, par quelques
milliers de Porcelaine.

Pour mon pauure compagnon,
il fut mené le Dimanche en vne
autre Bourgade, & bruflé le Lun-

dy, iour de la Natiuité de la sainte Vierge, qui m'auoit deliuré dés
la premiere entrée de sa feste.

A trois iours de là, on apporta
dans la Bourgade où i'estois,
des nouuelles de l'armée, qui
estoit allée au Trois Riuieres. Ie
fus vn assez long-temps dans les
alarmes de la mort, ne sçachant
pas, si elles estoient bonnes ou
mauuaises : estant bien asseuré,
que ie serois l'objet de leurs ven
geances, au cas qu'elles fussen
mauuaises.

Mais enfin, il vint vn Capitaine,
qui auoit charge de me faire donner la vie, & de me reconduire
aux Trois Riuieres. Il écheut par
vne prouidence toute particuliere, que cét homme estoit de la famille, où i'auois esté donné, &
frere de celle qui m'auoit adopté
pour son frere. Il demeuroit dans

vne autre Bourgade, d'où il m'enuoya deux Hurons, pour m'inui-
ter de l'aller voir. Ces bones gens
dirent des merueilles de moy, aux
Iroquois, les asseurans, que ie ttois
regretté de tous les François, &
que de ma vie, & de mon retour,
dependoit la vie de leurs compatriotes, qu'on auoit laissés pour
ostages aux Trois Riuieres. Ces
discours me firent autant consi-
derer que i'auois esté méprisé. Le
Capitaine dont ie viens de parler,
fut rauy me voyant encor en vie,
il me donna vn vieux chapeau,
qui me fit plaisir, pource qu'il y
auoit douze iours que i'alois nuë
teste. Il me promis de me mener
aux Hollandois, pour me faire habiller: & en suitte, de me ramener aux pays des François.

On commança, sur le rapport
de ce Capitaine, à faire des assem-

blées : & à tenir des conseils pour
arrester la paix auec les François.
Pendant lesquels ie fus mené au
fort d'Orange tenu par les Hollandois, où i'arriuay le vintiesme
de Septembre. La premiere maison que ie rencontray, me receut
tres-charitablement : on m'y presenta dequoy disner, & entre autres choses, i'y mangeay des pom-
mes, dont ie n'auois point gousté
depuis quinze ans, on m'y fit encor present d'vne chemise blanche, vn ieune homme, pris aux
Trois Riuieres, par les Iroquois,
& racheté par les Hollandois,
ausquels il seruoit d'interprete,
me vint trouuer : & apres quelque
entretien, me dit qu'il se vien-
droit confesser le lendemain qui
estoit Dimanche.

Vne bonne Dame Ecossoise, qui
s'est montrée dans toutes ren-

contres, tres-charitable aux François, & qui auoit fait tout son pouuoir, pour rachepter le petit fils de Monsieur Petit, qui est mort depuis parmy les Iroquois; me mena en sa maison, pour leuer l'appareil d'écorce, ou de racines que ces bonnes Iroquoises, dont i'ay parlé, auoient mis sur mon doit, & l'ayant veu encor bien malade m'enuoya au fort d'Orange, pour le faire penser par vn Chirurgien. Ie rencontray là le Gouuerneur de ce fort, à qui le Capitaine Iroquois, auoit presenté vne lettre de Monsieur de Lauzon Gouuerneur pour le Roy sur le grand fleuue de saint Laurens en la nouuelle France. Cét homme me receut fort froidement, nonobstant que la lettre, qu'on luy auoit apportée, me recommandast tres-auantageusement. Com-

me la nuit s'approchoit, & que ie
m'en allois coucher ſur le plan-
cher, ſans lit, & ſans ſoupper : vn
Sauuage demanda permiſſion au
Gouuerneur, de me mener en vne
maiſon qui luy eſtoit amie. I'y fus
códuit, & i'y trouuay vn vieillard,
qui me receut auec beaucoup de
bienueillance. Le François, dont
i'ay fait mention cy-deſſus, demeuroit en cette maiſon : il mit
ordre a ſa conſcience, pendant
trois nuits, que ie demeuray auec
luy chés cét honneſte homme,
dont ie voudrois pouuoir recon-
noiſtre la courtoiſie, par toutes
ſortes de ſeruices, tant il me traita
honeſtement, lors que i'eſtois en
vn eſtat le plus mépriſable du
monde. Ie ne pouuois pas manquer d'habits, cét honneſte Gen-
tilhomme m'en preſenta vn fort
honneſte ; & à meſme temps, vn

bon Vualon, ne sçachant rien de
cét office, alloit quester par les
maisons, pour trouuer dequoy
m'habiller. On me dit encor, que
cette bonne Dame Ecossoise, me
preparoit la mesme charité : mais
ie les remerciay tous, & ie ne voulu iamais rien accepter, qu'vn ca-
pot, & des bas de chausses à la
Sauuage, auec des souliers François, & vne couuerture, qui me
deuoit seruir de lit à mon retour,
cette Dame prit le soin de tout cela auec tant d'addresse, & tant d'affection, qu'elle n'épargna aucun
ajustement, dont elle se peut aui-
ser. Mes hostes me presserent, de
prendre des prouisions pour mon
voyage : mais ie me contentay, de
receuoir quelques pesches, d'vn
Marchand de Bruxelles bon Ca-
tholique, que ie confessay à mon
depart. Il fallut leur promettre à

tous, que ie les retournerois voir,
l'Esté prochain : tant ils me témoi-
gnoient d'amour & de bienueillance.

Sortant du quartier des Hollandois, ie fus conduy à la Bourgade
de celuy qui m'auoit pris. L'allant
visiter, il me rendit mon Breuiaire. De là nous allâmes au Bourg,
& à la cabane où i'auois esté adopté. Ie n'y fus que deux iours : car
on me vint prendre auec ma sœur,
qui m'auoit donné la vie, pour me
mener en la plus grande des Bourgades Iroquoises : afin d'assister
aux conseils, & aux assemblées,
où on deuoit parler de la paix.
Ie remarquay qu'on amassoit par
tout des presens, pour me reconduire à Quebec. Ce n'estoient
plus que festins, dans lesquels, on
me faisoit tout le bon accueil possible. Enfin le iour de S. Michel,

il fut arresté , qu'on iroit demander, & conclurre la paix auec
les François , & auec leurs Alliez. Cette conclusion fut prise,
en la Bourgade, où le premier
François , le bon René Goupil,
compagnon du Pere Isaac Iogues,
auoit esté tué par les Iroquois, le
mesme iour de S. Michel. Ie m'e-
stois tousiours attendu, que cette
feste, ne se passeroit pas, sans quelque chose de remarquable.

Trois iours apres cette resolution , on me dit, que le Capitaine
qui m'auoit conduit au quartier
des Hollandois , me conduiroit
au pais des François; non par eau,
à cause des tempestes , qui font
ordinairement en cette saison, sur
le lac de Champlain , par où il eut
fallu passer: mais par vn autre chemin , tres-fascheux pour moy;
dautant qu'il falloit marcher sept

ou huit iours à pied, dans ces grandes forefts, & ie n'auois ny force,
ny jambes pour vn fi grand trauail. Au bout de ces huit iournées,
on trouue vne riuiere, fur laquelle
on vogue enuiron deux iours, &
puis on rencontre le grand fleuue
de faint Laurens, dans lequel fe
defcharge cette riuiere, à foixante
lieuës, ou enuiron, au deffus de
l'Ifle de Montreal, affez proche
du lac nommé l'Ontario.

Ie me fouuins pour lors de S.Io-
feph, qui porta Noftre Seigneur
en Egypte, par les deferts d'Ara-
bie, comme on croit, ie le priay
de me feruir de guide, & de fup-
port, dans les fatigues de ce voyage. l'auois toûjours eu grand recours à fa protection, dans tous
mes trauaux; comme auffi à S.Mi-
chel, protecteur de l'Eglife, & de
la France. Et il arriua, comme i'ay

apris depuis, que le quatriéme de Septembre, iour auquel i'entray pour la premiere fois, en vne Bourgade Iroquoiſe, qu'on chanta à Kebec le *Te Deum*, dás vne petite Egliſe dediée à S. Ioſeph, en actió de grace de ma deliurance, & de mon retour aux Trois Riuieres; vn bruit s'eſtant éleué, ſans qu'on en ait iamais pû découurir le premier autheur, que ie m'eſtois échappé des mains de l'Ennemy. Et ce meſme iour, on alla preſenter le Sacrifice de la Meſſe pour le meſme ſujet, en l'Ance de S. Ioſeph, dans vne Egliſe dediée à Dieu, ſous le nom de S. Michel; que nous pouuons appeller l'Ange de noſtre paix; puis qu'elle a eſté concluë le iour de ſa feſte, au païs des Iroquois.

Enfin, le troiſiéme d'Octobre, ie quittay le dernier Bourg des Iroquois

Iroquois pour retourner à Quebec. Ie rencontray fur vne petite
coline, vn peu éloignée du Bourg,
les Capitaines, & les Anciens du
païs, qui m'attendoient: auec les
prefens qu'ils enuoyoient, comme les contracts de la paix. Ils me
firent leur derniere harangue,
m'excitant à lier fortement noftre
nouuelle alliance. Mon conducteur s'eftant chargé des prefens,
nous pourfuiuifmes noftre chemin, & fifmes feulement quatre
lieuës cette premiere iournée.
Tous ceux que nous auions à la
rencontre, me faifoient quelque
careffe à leur mode, & me prioient
de moyenner vne bonne paix
auec les François.

Ie commençay, & acheuay ce
chemin par terre, auec des peines
inconceuables. Nous partifmes
vn Vendredy troifiéme d'Octo-

F

bre, & nous arriuafmes à la premiere riuiere, dont i'ay parlé cy-
deffus, le Samedy onziéme du
mois. Nous marchions en compagnie de plufieurs Iroquois, qui
s'en alloient à la chaffe du Caftor,
au lac de l'Ontario : les pluyes, les
montagnes, & les valées, les torrens, & les ruiffeaux, & quatre riuieres affez groffes, qu'il fallut
paffer à guay, & fe moüiller iufques à la ceinture, vne autre plus
grande, qu'il fallut trauerfer auec
des cayeux branflans, & mal liez,
les viures fort courts, & du feul
bled d'Inde tout nouueau, fans
pain, fans vin, fans viande, fans
aucune chaffe, ces endroits en
eftans depeuplés : Toutes ces
chofes, dif-je, me baftirent vne
Croix fi horrible, & fi continuelle,
qu'il me femble que ce fut vn miracle perpetuel, que ie l'aye pû

porter, dans vne peine si excessi-
ue,& dans vne si grande foiblesse.
Ce fut aussi vne merueille bien
particuliere, que mon Guide soit
toûjours demeuré dans la douceur, & dans la patience, me
voyant si mauuais pieton. Il me
semble que ie participay vn petit
en ce retour, aux langueurs, & aux
defaillances du Roy des affligez;
comme i'auois eu part en mon
voyage, apres ma prise, à ses liens
& à ses agonies.

Mais voicy qu'au bout de ce
trauail de neuf iours, parurent
trois ieunes hommes, enuoyez
de la part des Anciens du païs,
pour donner auis à mon Conducteur, qu'vn Capitaine, à qui on
auoit fait des presens aux Trois
Riuieres pour ma deliurance, venant d'arriuer au païs, rapportoit
que les ostages Iroquois, laissez

dans le fort des François, auoient esté mis aux fers, & qu'on auoit desia cassé la teste à quelques-vns d'iceux : ce Capitaine asseuroit, qu'il auoit appris cette nouuelle, de la bouche d'vn Sauuage son amy. Et partant on auertissoit mon Conducteur & ses gens, de prendre garde, s'ils deuoient s'engager plus auant dans mon retour. Ils me demanderent, si ie voulois passer plus auant, dans l'estat des affaires. Ie n'eus point de repartie. Mon Conducteur me dit auec vn grand courage, que si ie luy voulois donner ma parole, que ie tascherois de conseruer sa vie, qu'il l'exposeroit à toutes sortes de dangers, pour me remener sain & sauue parmy les François. Ie luy donnay fort librement, & ce plusieurs fois : car il me la demanda toûjours. La parole donnée & acceptée, nous nous embarquaſmes, & pourſuiuiſmes noſtre chemin. I'ay ſceu depuis, que ce faux bruit eſtoit fondé, ſur ce qu'on auoit mis les fers aux pieds, à vn Sauuage Algonquin, qui s'eſtoit enyuré. Ces alarmes nous venoient de temps en temps, & quelques-vns prenoient plaiſir de me les donner, croyans m'intimider: mais ces gens-là, n'eſtoient pas du nombre de mes Guides, leſquels m'ont touſiours traité auec beaucoup de douceur.

Comme nous commencions d'approcher de l'Iſle de Montreal, mes gens auoient peur de rencontrer des Algonquins, & cependant ils s'amuſoient ſi fort à la chaſſe, qui es tres-abondante en ces endroits du grand fleuue ſaint Laurens, que ce retardement me ſembloit ennuyeux. No-

F iij

ſtre derniere Croix, fut le danger
de nous perdre, dans les boüil-
lons du ſaut de ſaint Louys, à la
veuë de l'habitation de Montreal. Ie creu quaſi trouuer, mon
tombeau, dans ces courrans :
mais ils ne me firent autre mal,
que de lauer le reſte de mes fau-
tes.

Enfin nous abordaſmes heu-
reuſement en cette habitation,
le vingtquatriéme d'Octobre, les
neuf ſemaines accomplies de ma
captiuité, en l'honneur de S. Michel, & de tous les ſaints Anges.
Nous en partiſmes le vingt-cin-
quieſme ſur le ſoir, & arriuaſmes
aux Trois Riuieres, le vingt-huitiéme : où nous demeuraſmes iuſques au troiſieſme de Nouembre.
Le cinquieſme, nous miſmes
pied à terre à Quebec, Le ſixiéme,
nos Iroquois mes Conducteurs,

firent leurs preſens pour la paix,
auſquels on répondit par d'autres
preſens, & ainſi vn Dimanche au
ſoir, quatre-vingt & vn iour apres
ma priſe, c'eſt à dire neuf fois neuf
iours accomplis, le grand affaire
de la paix tant deſireé, fut termi-
né. Les Saints Anges faiſans voir
par ce nombre de neuf, qui leur
eſt dedié, la part qu'ils prenoient
en ce ſaint ouurage, conduit tout
d'vne autre façon, que les affaires
des Sauuages, qui ſont extremement longs en leurs aſſemblées,
& en leurs procedez. Ie n'ay eſté
qu'vn mois dans le païs des Iroquois. I'y entray le quatriéme
Septembre. I'en ſorty le troiſiéme
d'Octobre. Et dans ce peu de
temps, i'ay communiqué auec les
Hollandois: i'ay veu le fort d'O-
range: i'ay paſſé trois fois dans les
quatre Bourgades des Iroquois

F iiij

Anniehrónons : le reste du temps de ma captiuité, a esté employé, dans mon allée, & dans mon retour. Ie fus conduy par la Riuiere des Iroquois, & par le Lac de Champlain, & ne fis en suite que deux iournées de chemin par terre. Et ie suis reüenu par vne autre route : si bien que i'ay passé par les deux chemins que tiennent leurs armées, & leurs guerriers, quand ils nous viennent chercher. Voila à peu pres, ce que l'obeïssance a exigé de moy, sur mon voyage.

CHAPITRE V.

De la Paix faite auec les Iroquois.

ENfin nous auons la paix, pleût à Dieu que ces paroles, fussent aussi veritables dans la bouche des François : qu'elles sont douces & agreables aux Habitans de la Nouuelle France. Oüy, mais dira quelqu'vn, les Iroquois, font des perfides ? ils ne font la paix, que pour trahir plus auantageufement dans vne nouuelle guerre ? le paffé nous eft vn grand pronoftique du futur ? nous auons defia eu la paix auec eux, & ils l'ont violée. Ie confeffe que nous auons eu la paix auec eux: mais ie ne fçay fi iamais ils l'ont euë auec nous: car à vray dire, c'eftoit nous qui les portions à la paix, nous les preffions, & par prefens, & par de longs confeils. Ils auoient bien quelque inclination de s'allier des François: mais ils auoient horreur des Sauuages, notamment des Algoquins. Ceux qui auoient les yeux ouuerts, connoiffoient bien que cette paix n'eftoit pas dans la parfaite idée des Sauua-

ges. Mais, quoy qu'il en foit du futur, duquel ie ne voudrois pas ré-
pondre, ny en l'vne ny en l'autre
France: fi pouuons nous dire auec
verité, que ce font prefentement
les Iroquois, qui ont fait la paix.
Ou pluftoft difons que c'eft
Dieu, car ce coup eft fi foudain,
ce changement fi impreueu ; ces
difpofitions, dans des efprits Barbares, fi furprenantes : qu'il faut
confeffer, qu'vn genie plus releué
que l'humain , a conduit cét
ouurage. Le foir, il n'y auoit rien
de fi hideux, pour ainfi dire, & de
fi deffait, que le vifage de ce pauure pays : & le lendemain, il n'y a
rien de fi guay, & de fi ioyeux que
la face de tous les Habitans : on fe
tuë, on fe maffacre , on faccage,
on brufle, vn Mecredy par exem-
ple, & le Ieudy on fe fait des prefens, & on fe vifite les vns les au-

tres, comme font les amis. Si les Iroquois ont quelque deſſein, Dieu a auſſi les ſiens. Ie m'aſſeure qu'on aüoüera, que ce que vay dire, ne s'eſt point fait par vn pur rencontre.

Le iour de la Viſitation de la ſainte Vierge, le Capitaine Aontariſaty tant regreté des Iroquois, ayant eſté pris de nos Sauuages, & inſtruit par nos Peres, fut baptiſé, & ce meſme iour, ayant eſté exe-cuté à mort, il monta au Ciel. Ie ne doute point qu'il n'ait remercié la ſainte Vierge de ſes malheurs & de ſon bon-heur, & qu'il n'ait prié Dieu pour ſes Compatriotes.

Les habitans de Montreal, com-me nous auons remarqué cy-deſſus, ayans fait vn vœu ſolen-nel, de celebrer publiquement la feſte de la Preſentation de cette Mere des bontez, les Iroquois

des Nations plus hautes , les re-
chercherent de paix.

Ce fût le iour de l'Assomption
de cette Reine des Anges & des
hommes, que les Hurons prirent
dans l'Isle de Montreal, cét autre
fameux Capitaine Iroquois, qui
fut cause que les Anniehronnons
demanderent noftre alliance,
comme nous verrons bien-toft.

Le François qui accompagnoit
le P. Poncet en sa prise, ayant esté
bruslé au païs des Iroquois, ils
donerent la vie au Pere, au temps
que l'Eglise honore la Natiuité
de la sainte Vierge, & il trauailla
en suite, si efficacement à la paix,
ou pluftoft la sainte Vierge, & les
saints Anges, que le iour de S. Michel, il fut arresté dans vn Confeil public des vieillards du païs,
qu'on remeneroit le Pere à Quebec, & qu'on lieroit fortement

la paix auec les François.

Le mefme iour de la naiffance de la fainte Vierge, pendant que les Iroquois Anniehronnons con-cluoient la paix en leur païs, on faifoit vne proceffion generale à Quebec, pour gagner le cœur du fils, par l'entremife de la mere. On y fit marcher quatre cens mouf-quetaires bien armez, qui faifans leur defcharge de temps en temps bien à propos, donnerent de l'é-pouuâte aux Iroquois, qui eftoiét defcendus pour parler de la paix, ce qui leur fit iuger que cette paix leur eftoit d'autant plus neceffai-re, qu'ils remarquoient d'addreffe en nos François, à manier les ar-mes, dont ils venoient d'experi-menter quelques effets, aux Trois Riuieres.

Or dites moy, maintenant, fi le hazard, ou la Prouidence ont trauaillé dans ces rencontres ? & si la deuotion des habitans de la nouuelle France, & la confiance qu'ils ont euë enuers l'Epouse du grand S. Ioseph, Patron de toutes ces nouuellesEglises, n'a pas esté bien recompensé ? passons outre.

Les Iroquois qui nous faisoient la guerre estoient diuisez en cinq Nations, dont voicy les noms en langue Huronne.

Les Annichronnons, dont le païs s'appelle Anié.

Les Onneihronnons, dont le principal Bourg se nomme Onneiout.

Les Onnontaëronnons, dont le païs & la principale Bourgade se nomme Onnontaé.

Les Sonnontouaheronnons du païs nommé Sonnonthouan.

Les Onionenhronnons, dont le Bourg s'appelle Onneioté.

Qui a porté toutes ces Nations, à prendre des sentimens de paix, independemment les vnes des autres? Nous auons sceu de bonne part, que les Sonnontouaheronnons, qui sont la plus grande nation Iroquoise, & la plus peuplée, pensoient à la paix dés le Printemps : auec dessein d'y faire ioindre les Onioenhronnons leurs plus proches voisins.

Nous auons veu au Chapitre second, comme les Onnontaëronnons, & en suitte les Onnejohronnons, sont venus la demander aux François de Montreal.

Il ne restoit plus que le seul Iroquois Anniehronnon, lequel enflé de ses victoires, vouloit perseuerer dans les desirs de la guerre : mais il a donné les mains, aussi bien, que les autres. Toutes ces pensées de paix, & d'alliance, sont elles entrées, quaſi à meſme temps, dans les eſprits farouches, & inſolens de ces Nations, ſans vne prouidence toute particuliere? *Deus nobis hæc otia fecit.* Diſons plutoſt. *Digitus Dei eſt hic.* Ce coup, eſt vn coup de la puiſſance du grand Dieu. Ce qui nous conſole fortement dans cette ſainte prouidence eſt, que ſi quelqu'vne de ces Nations venoit a ſe dementir, il eſt bien croyable que les autres, nous ayans recherchés, chacune en leur particulier, ne romperoient pas ſi facilement auec nous, mais venons au detail.

Les Onnontaeronnons, s'eſtans preſenté au nombre de ſoixante à Montreal, pour ſonder ſi les cœur des François auoit quelque diſpoſition a la paix, le Gouuerneur de la place, ſe deffians deux prudemment, leur dit, que leurs

deſloyautez

desloyautez passées, rendoit leurs propositions fort suspectes, & que s'ils auoient quelque amour pour nostre alliance, qu'il falloit le témoigner à Monsieur de Lauson Gouuerneur de tout le païs, qui estoit à Quebec. Le Capitaine répondit, qu'il falloit bien distinguer, entre Nation & Nation, que les Onnontaëronnons n'estoient pas infideles, comme les Iroquois Anniehronnons, qui recuisent leur fiel, & l'amertume de leur cœur, au milieu de leur poitrine, quand leur langue profere quelques bonnes paroles. Que pour luy, à qui toute la Nation auoit fait entendre ses intentions, qu'il parloit de toutes les parties de son corps, depuis ses plus petits orteils, iusques au sommet de la teste ; & qu'il n'y auoit rien dans son cœur, ny dans le reste

G

de ſes membres, qui dementit ce
qui eſtoit ſorty de ſa bouche.
Qu'il iroit voir le grand Onontio,
le Gouuerneur des François, &
qu'il luy feroit ſes preſens, dans
leſquels eſtoient renfermez, les
deſirs de toute ſa Nation.

En effet, il deſcendit de Montreal iuſques à Quebec, faiſant
ſoixante lieuës ſur le grand fleuue.
La premiere aſſemblée ſe tint en
l'Iſle d'Orleans, en la Bourgade
des Hurons, a deux lieuës de Quebec. Ce Capitaine fit étaler ſes
preſens, qui ſeruent parmy tous
ces peuples Barbares, comme
parmy nous, les eſcrits, & les Con-
trats. Tout le monde eſtant aſſis:
il ſe leua, inuoquant premierement le Soleil, comme vn témoin
fidele, de la ſincerité de ſes penſées, comme vn flambeau, qui
banniſſoit la nuit, & les tenebres

de son cœur: pour donner vn iour
veritable à ses paroles.

Ces presens consistoient en castors, & en porcelaine, & chacun
d'eux auoit son nom, & faisoit
voir le desir de celuy qui parloit,
& de ceux qui l'auoient dele-
gué.

Le premier, se donnoit pour es-
suyer les larmes, qu'on iette ordinairement, à la nouuelle des
braues guerriers massacrez dans
les combats.

Le second, deuoit seruir d'vn
breuuage agreable, contre ce qui
pourroit rester d'amertume, dans
le cœur des François, pour la mort
de leurs gens.

Le troisiéme, deuoit fournir
vne écorce, ou vne couuerture,
pour mettre sur les morts, de peur
que leur regard, ne renouuellât
les anciennes querelles.

Le quatriéme, eftoit pour les enterrer, & pour fouler bien fort, la terre deffus leurs foffes : afin que iamais rien ne fortit de leurs tombeaux qui pût attrifter leurs parens, & caufer dans leurs efprits, quelque émotion de vengeance.

Le cinquiéme, deuoit feruir d'enueloppe, pour fi bien empaqueter les armes, qu'on n'y touchaft plus d'orefnauant.

Le fixiéme, pour nettoyer la riuiere, foüillée de tant de fang.

Le dernier, pour exhorter les Hurons d'agreer ce qu'Onontio, grand Capitaine des François, deuoit conclure touchant la paix.

Comme il fe faut accouftumer, aux couftumes, & aux façons de faire, des peuples qu'on veut gagner, quand elles ne font pas éloignées de la raifon : Monfieur le

Gouuerneur, rendit parole pour parole, & presens pour presens.

Le premier fut donné, pour faire tomber la hache d'armes, des mains de l'Iroquois Onnontaë-ronnon.

Le second, pour briser la chaudiere, où il faisoit cuire les hommes, qu'il prenoit en guerre.

Le troisiéme, pour leur faire quitter les couteaux, qui seruoient à cette boucherie.

Le quatriéme, pour leur faire mettre bas leurs arcs, & leurs fleches, & autres armes.

Le cinquiéme, pour effacer les peintures, & les couleurs rouges, dont ils se barboüillent le visage, quand ils vont en guerre.

Le sixiéme, pour cacher si bien les canots, ou les batteaux qu'ils font pour les combats, qu'ils ne puissent iamais plus les retrouuer.

Ces Contracts paſſez : tout le monde s'en réjoüit. Ces Ambaſſadeurs, ou ces Deleguez pour la paix, emporterent leurs Capots, leurs couuertures, leurs chaudieres, & autres ſemblables denrées, en quoy, à mon auis, conſiſtoient leurs preſens. Ils promirent que dans quelque temps, ils rapporteroient des nouuelles, de la ioye vniuerſelle de toute leur Nation. Venons maintenant aux Iroquois Anniehronnons, les plus orgueilleux, & les plus ſuperbes, de toutes ces Contrées. Ce ſont eux, qui ont maſſacré le P. Iſaac Iogues, bruſlez le P. Iean de Brebeuf, & le P. Gabriel Lallemant, & pluſieurs autres François.

Ces Thraſons, ayans pris reſolution de ſurprendre, & de mettre à feu, & à ſang, le Bourg des Trois Riuieres, comme nous auons veu

cy-deſſus : & trouuans plus de reſiſtance qu'ils n'auoient penſé,
furent changez quaſi en vn moment. Dix ou douze d'entr'eux,
parurent auec vn Guidon blanc,
ſur le grand fleuue, s'approchans
du fort, & crians, qu'ils vouloient
parlementer, & traiter de paix : &
qu'on leur enuoyaſt quelqu'vn
pour les écouter. Celuy qui ſe preſenta, de la part des François, commença par des inuectiues, leur reprochant leurs fourbes, & leurs
perfidies. Tu es vn ieune homme,
répondit le Capitaine de ces Iroquois, nous auons demandé quelqu'vn qui nous écoutaſt, & non
pas vn ieune homme pour nous
venir parler. Vas t'en voir tes vieillards, & ceux qui determinent de
vos affaires, prend langue d'eux,
& puis tu parleras. Ie ſçay, repart
le François, leurs ſentimens : ils

croyent tous, que vous estes des trompeurs, qui ne sçauez que c'est de tenir vostre parole. Va les consulter, & dis leur, que nous auons de bonnes pensées : & que nostre cœur n'a plus de venin. Le François remonta au fort ; on s'assembla en la maison de Ville, & on creut, que ces Barbares, n'auoient aucune volonté de la paix : mais qu'ils cherchoient les occasions de nous surprendre. Cét homme les retourne voir. Ie vous auois bien dit, leur fit-il, que i'auois connoissances des pensées de nos Anciens. Ils vous prennent tous pour des fourbes, & pour des gens auec lesquels il ne faut point parler, que par la bouche de nos canons. Si vous auiez des pensées de paix, vous parleriez de nous rendre vn de nos Peres, & vn François, que vos gens ont pris depuis

peu, és enuirons de Quebec. Ce
Capitaine fut furpris à cette nouuelle, n'ayant point de connoif-
fance de cette prife. Ie n'ay pas
fceu, repart-il, qu'on ait pris des
François : mais ie m'en vay prefentement enuoyer deux canots en
diligéce en noftre païs, afin d'em-
pefcher qu'on ne leur faffe aucun
mal, & ie te donne parole, que
s'ils font encor viuans, tu les ver-
ras bien-toft dás vos habitations.

Cét homme parloit d'vn tel ac-
cent, que fon cœur parut s'accor-
der auec fes paroles. Mais vn rencontre arriua fur ces entrefaites,
qui fit iuger, que ce petit rayon de
paix, qui commençoit à poindre,
s'alloit éteindre dés fa premiere
naiffance. Nos François s'imaginoient, que ces Barbares, ayans
appris, que nos Hurons tenoient
quelques-vns de leurs gens pri-

fonniers, demandoient la paix pour leur fauuer la vie: & par ie ne fçay quel malheur, difons pluftoft par vne fecrette prouidence, ces prifonniers tomberent en leurs mains, en la façon que ie vay dire.

Vn Capitaine Huron allant en guerre, fut auerty par les François qui font à Montreal, qu'il y auoit des ennemis dedans leur Ifle; ce Capitaine, comme nous auons defia remarqué, les cherche, les trouue à la pifte, les pourfuit, les attaque, & les ayans deffaits, il prit leur Capitaine, & quatre des principaux de fes gens; or comme il ne fçauoit pas, qu'il y eut vne armée d'Iroquois aux Trois Riuieres, & qu'il falloit paffer par là, pour defcendre à Quebec: où il vouloit mener fes prifonniers, il alla iuftement donner dans les

panneaux, comme on dit. Car lors
qu'il y penſoit le moins, & qu'il
deſcendoit doucement ſur le grãd
fleuue; s'entretenant de la paix, &
de la guerre, auec ſes priſonniers,
il apperceut de loin, l'armée Iroquoiſe : & il ſe vid, quaſi en vn
moment, de victorieux, vaincu :
& de triomphant, captif. Vne partie de ſes gens, tournant le cap de
leurs petits batteaux vers la terre,
ſe ſauuét au pluſtoſt vers les bois :
les autres, ne voulans pas reculer,
furent ſur le point de maſſacrer
leurs cinq captifs, pour mourir
plus glorieuſemét, ſelon les idées
du païs, dans le ſang de leurs ennemis. Mais Dieu retint leur bras,
deſia leué pour ramener le coup.
Il leur donna des penſées de vie,
& de paix, à la veuë de la mort, &
dans les apparençes de la conti-
nuation d'vne cruelle guerre.

Aaoueaté Capitaine des Hurons, s'addreſſant au Capitaine Iroquois ſon captif, nommé Aronhieiarha, luy dit: Mon neueu, (c'eſt vn terme d'amitié vſité parmy ces peuples) ta vie eſt entre mes mains, ie te peux tuer, & me ſauuer auſſi bien que les autres, ou me ietter au milieu de tes gens, pour en maſſacrer autant qu'il me ſeroit poſſible: mais ton ſang, & celuy de tes gens, ne nous retireroit pas des malheurs, où vos armes nous ont iettez. Nous auons parlé d'alliance, puis que la paix eſt plus precieuſe que ma vie, i'aime mieux la riſquer, dans le deſſein de procurer vn ſi grand bien à mes petits neueux, que de venger par l'effuſion de ton ſang, la mort de mes Anceſtres. Au moins mourray-ie honorablement, ſi on me tuë, apres t'auoir donné la vie.

Et toy, si tu me laisse m'assacrer
par tes parens, le pouuant empescher, tu passeras le reste de tes
iours, dans le deshonneur; tu seras
tenu pour vn lasche, d'auoir souffert qu'on mit à mort, celuy qui
venoit de te donner la vie. Le Capitaine Iroquois repartit : Mon
oncle, tes pensées sont droites. Il
est vray, que tu me peux oster la
vie : mais donne la moy, pour te
la conseruer. La gloire que i'ay ac-
quise à ma Nation, par mes victoires, ne me rend pas si peu cóside-
rable, dás l'esprit de mes Compatriotes, que ie ne puisse t'asseurer
de la vie, toy & tes gens. Si les
miens te veulent attaquer, mon
corps te seruira de bouclier. Ie
souffrirois pluftoft, qu'ils me brû-
lassent à petit feu, que de me rén-
dre méprisable iusques à ce point,
de ne pas honorer vostre bien-

fait, & mon retour, par voſtre deliurance.

Les Onnontaeronnons, qui portoient les preſens, dont nous venons de parler, à Onnontio, c'eſt à dire à Monſieur le Gouuerneur, pour diſpoſer ſon eſprit à la paix, s'eſtans embarquez à Montreal, auec ces deux Capitaines victorieux, & vaincu, voyans la medaille tournée, & la face des affaires bien changée, par le rencontre de cette armée Iroquoiſe, ſe mirent du coſté des Hurons, & proteſterét, tout haut, que ſi on attaquoit leurs conducteurs, car c'eſtoient les Hurons qui les auoient embarqués, qu'ils expoſeroient leur vie pour eux. Aronhieiarha Capitaine Iroquois leur dit, ne craignés point. Ie vous donne parole, que nous ſerons receus fauorablement. Ils

auoient fait alte pendant ce dif-
cours. Ils pouſſent leurs canots
vers l'Armée qui les ayant reconnus enuoie dix-huit grands canots au deuant deux. Ils ſe virent
inueſtis de tous coſtés en vn moment, ces cañots venoient tous
auec vn eſprit de paix : iuſques la,
que celuy qui les commandoit,
ayant parlé en peu de mots au Capitaine Iroquois captif, ſon com-
patriote, enuoia du monde à terre, pour chercher les Hurons
fuyards, & leur donner aſſurance
de la vie, & de la paix. Aaoueaté
Capitaine Huron, ſe voyát au milieu de ſes Ennemis, dont les té-
moignages de bienueillance, luy
paroiſſoient des marques de trahiſon: & leurs careſſes, des indices
de ſa mort, ou pluſtoſt de mille
morts, auant que de mourir : ſe
leue, & pour ſ'animer aux ſouffran-

ces, chante d'vn ton tout martial, ſes anciennes proüeſſes ; Il rapporte le nombre d'Iroquois qu'il a tués, les cruautés qu'il a exercé ſur eux, & celles dont il eſpere, que ſes neueux vengeront quelque iour, les tourmens qu'il va ſouffrir.

Tu n'es ny captif, ny en danger de mort, luy répondent les Iroquois, tu es au milieu de tes freres, & tu ſçauras que le François, le Huron & l'Iroquois n'ont plus de guerre enſemble, quitte la chanſon de guerre, entonne vne chanſon de paix, qui commence auiourd'huy pour ne finir iamais.

Vous eſtes des perfides, repart le Capitaine Huron, voſtre cœur eſt enuenimé, voſtre eſprit eſt remply de fourbes, ſi vous parlés de paix, ce n'eſt que pour vſer d'vſ

ne

ne trahiſon plus funeſte , & pour
nous & pour les François. Ie ne
connoy que trop vos ruſes. Con-
tentés vous maintenant , de man-
ger la teſte des Hurons : mais ſça-
chés que vous ne tenés pas encor
les autres membres. Mes gens ont
encor des pieds, & des mains ; des
iambes & des bras : cela dit, il tend
le col pour eſtre coupé : mais
voyant que perſonne ne mettoit
la main au couſteau, bruſlés moy
donc, leur dit-il, n'eſpargnés point
vos ſupplices : auſſi bien ſuis-ie
mort. Mon corps eſt déja deuenu
inſenſible, ny vos feux, ny vos cruautés n'eſtonnent point mon
cœur, i'ayme mieux mourir au-
iourdhuy, que de vous eſtre rede-
uable d'vne vie, que vous ne me
donnés, qu'à deſſein de me l'oſter
par vne trahiſon funeſte.

   Tu parles trop rudement à tes

H

Amis, répondent les Iroquois, noftre cœur s'accorde auec nos paroles.

Ie vous connoy bien , repart Aoneaté , voftre efprit eft garny de fept doublures, quand on en a tiré vne , il en refte encor fix. Dites-moy de grace, fi cette trahifon que vous machinez fi adroitement, eft la derniere de vos malices? Vous vous eftes oubliez des paroles mutuelles, que s'eftoient données nos Anceftres, lors qu'ils prirent les armes les vns contre les autres. Que fi vne fimple femme, fe mettoit en deuoir de découurir la Surie, d'arracher les baftons qui la fouftiennent , que les victorieux poferoient les armes , & prendroient les vaincus à mercy. Vous auez violé cette loy : car non feulement vne femme, mais le grand Capitaine des François, à

découuert cette Suerie funeste,
où se prennent les conclusions de
la guerre; il a par ses presens, arra-
ché les bastons qui la soustien-
nent, taschant de gagner les Nations que vous appuyez, & vous
méprisans sa bonté, vous auez
foulé aux pieds les ordres, & la
parole de vos Ancestres. Ils en rou-
gissent de hôte au pays des Ames,
voyans que vous violez, auec vne
perfidie insupportable, les loix de
la nature, le droit des Gens, &
toute la societé humaine.

Cét homme pressa ce point si
fortement, que le Capitaine Iroquois, fut côtraint d'auoüer qu'ils
auoient tort, & que doresnauant
les choses passeroient d'vn autre
air.

Ils furent long-temps dans cette conteste. Le Huron ne pouuant
croire ce qu'il voyoit, & l'Iroquois

ne pouuant luy perſuader, que c'e-
ſtoit vrayemét tout de bon, qu'ils
auoient des penſées de la paix.

Quoy qu'il en ſoit, les Iroquois,
non ſeulement ne firent aucun
mal aux Hurons, mais ils ne parlerent plus que de feſtins, & de ré-
joüiſſance, tant la face des affaires
ſe vit changée en vn moment.

Enfin, apres quelques entretiens
d'amitié, vn Capitaine Iroquois
s'adreſſant au Capitaine Huron,
& le congediant auec honneur,
luy dit, Mon Frere, *Et Sagon*, prens
courage, vas faire reuerdir les
campagnes des François, par les
bonnes nouuelles de la paix, que
nous voulons auoir auec eux, &
auec tous leurs Alliez. On luy
rend tout ſon bagage, & celuy de
ſes gens, à la reſerue d'vne arquebuſe qui s'eſtoit égarée. Ce Capitaine Huron, ne penſant pas en-

cor estre en asseurance , s'écrie,
Quoy donc, oste-t'on les armes à
vn homme, qui se trouue seul entre cinq cens ? A mesme temps on
iette à ses pieds, cent arquebuses,
pour en choisir vne, en la place de
la sienne , que quelque soldat
auoit enleuée. Cela fait, il s'embar-
que, auec le peu de ses gens qui
luy restoient; & auec les Ambassadeurs d'Onnontaé, pour voguer
droit à la Bourgade des Trois Riuieres.

Ce Capitaine, qui est Chrestien,
a dit depuis à vn de nos Peres, qu'il
ne creut point auoir la vie sauue,
iusques à ce qu'il vit son canot,
hors la portée des mousquets de
l'armée ennemie : c'est pour lors
qu'il s'écria auec S. Pierre, Ie sçay
maintenant que Dieu m'a deliuré
de la main des Iroquois.

Nos François, qui ne sçauoient

rien, de ce qui se passoit dans le camp des Ennemis , furent bien estonnez , apprenans ces nouuelles. Ils ne sçauoient quasi, s'ils les deuoient croire ; mais enfin ils se rendirent, quand ils eurent auis, qu'vn Capitaine Iroquois Annieh-ronnon, nommé Andioura, vouloit descendre à Quebec , pour porter des presens à Onnontio, & l'assurer des volotez qu'ils auoient tous de faire vne vraye paix.

Cét homme partit des Trois Riuieres, au commencement du mois de Septembre , & aussi-tost qu'il fut arriué à Quebec, ayant rendu ses premieres visites, il exposa ses presens, dont voicy la signification.

Le premier estoit, pour éclaircir le Soleil , obscurcy par les nuages, & par les troubles de tant de guerres.

Le second estoit vn mets, qu'il presentoit à Onnontio, Gouuerneur des François : afin qu'estant repeu, il écoutast plus facilement les paroles de la paix, puis que les longs discours, ne sont pas agreables, à ceux qui sont à ieun.

Le troisiéme deuoit seruir de cure oreille : afin que les harangües sur vn sujet si aimable, entrassent plus nettement dans son esprit.

Le quatriéme se donnoit pour dresser vne Habitation Françoise dedans leurs terres, & pour y former, auec le temps, vne belle Colonie.

Le cinquiéme, pour faire qu'vn mesme cœur, & vn mesme esprit, animast doresnauant, tous ceux qui seroient compris dans ce traité de paix.

Le sixiéme estoit vn canot, ou

vn batteau, pour porter Onnontio en leur pays, quand il voudroit
donner vne visite à ses Alliez.

Le septiéme portoit vne priere,
à ce qu'on les laissast rembarquer
en paix, pour retourner en leur
pays, lors qu'ils viendroient visiter leurs amis François, Algonquins, & Hurons.

Le huitiéme, demandoit que la
chasse fut commune, entre toutes
les Nations confederées, & qu'on
ne fit plus la guerre qu'aux Elans,
aux Castors, aux Ours, & aux
Cerfs, pour gouster tous ensemble
les frians mets, qu'on tire de ces
bons animaux.

Monsieur le Gouuerneur répondit par d'autres presens, qu'il
fit expliquer par son Interprete, à
la façon de ces peuples.

Le premier se donnoit, pour re-
dresser l'esprit d'Andionra, c'est le

nom du Capitaine Iroquois, qui
venoit d'expofer fes prefens. Si
ton efprit eft encor tortu, luy dit
le Truchement, voicy dequoy le
redreffer , afin que tes penfées
foient droites.

Le fecond, eftoit pour l'affurer,
que nous n'auiós plus qu'vn cœur
auec luy , & auec tous ceux de fa
Nation.

Le troifiéme , pour concourir
auec eux, à dreffer & applanir les
chemins d'vn pays à l'autre : afin
de fe vifiter les vns les autres, auec
plus de facilité.

Le quatriéme, pour eftendre vn
tapis, ou vne nappe aux Trois Riuieres, où fe tiendroient les confeils, & les affemblées de toutes
les Nations.

Le cinquiéme, pour difpofer vn
lieu dans leur pays, où feroient ex-
pofez, les prefens d'Onnontio.

Le sixiéme, estoit pour rompre les liens, qui tenoient captif en leur pays le Pere Ioseph Poncet, que tous les François honoroient, & qu'ils demandoient auec instance.

Le septiéme, pour le releuer de la place, où il estoit couché, lié, & garotté.

Le huitiéme, pour luy ouurir la porte de la cabane, où il estoit logé.

Le neufiéme, pour adoucir les fatigues, qu'il deuoit souffrir en son chemin, à son retour.

Le dernier present, estoit composé de six capots ou especes de casaques, de six tapabors, & de deux grands colliers de porcelaine, qui furent offerts aux six Ambassadeurs, pour les defendre contre les iniures du temps, dans leur voyage, & pour soulager les pei-

nes, qu'ils deuoient souffrir en
chemin.

Il se fit quelques harangues,
apres la distribution de ces presens. Noel Tekouerimat Algonquin, inuectiua puissamment contre la perfidie des Iroquois, leur
reprochant qu'ils auoient tué par
cinq ou six fois de leurs Ancestres,
à l'heure mesme qu'ils remenoiét
des prisonniers Iroquois en leur
pays, pour rechercher la paix.
Que les Algonquins auoient ré-
ceu auec honneur, tous les Iroquois qui les estoient venus visiter en leur pays. Qu'au reste, que
s'ils auoient dessein de contracter
vne veritable alliance, ils renuoy-
roient plusieurs femmes, qu'ils
retenoient dans la captiuité; que
si elles estoient mariées, leurs maris les pourroient suiure, pour demeurer auec elles au pays des Al-

gonquins, & que si ce pays ne leur estoit pas agreable, qu'ils les pourroient remener au lieu d'où ils les auroient amenées : que c'est ainsi qu'en vsoient leurs Alliez, qui demeurent sur les riuages de la mer, en l'Acadie.

Vn Capitaine Huron repartit, qu'il falloit maintenant oublier les anciennes querelles, & que si l'Iroquois auoit mal traité les Algonquins, qu'il leur rendoit la pareille, ayant rabaissé leur insolence, par vne autre insolence : & que le Ciel punit ordinairement au double, ceux qui abusent de ses faueurs dans leurs victoires.

Monsieur le Gouuerneur fit dire par son Truchement, qu'il auoit tousiours desiré d'estre le Mediateur de la paix publique. Qu'il n'auoit point encor pris les armes contre les Iroquois, & que

s'il eut donné liberté à ſes gens de
les attaquer, qu'il y a long-temps
que leurs Bourgades ſeroient re-
duites en cendres. Qu'ils auoient
tres-bien fait de rechercher ſon
alliance: pource qu'il ſe laſſoit de
crier ſi ſouuent ; la paix, la paix.
Que ſi preſentement, on ne la
faiſoit pas auec ſincerité, que les
perfides éprouueroient la colere
des François. Qu'au reſte Annon-
hiaſé, c'eſt Monſieur de Maiſon-
neuue, Gouuerneur de Montreal,
deuoit aborder au plutoſt ; & qu'il
amenoit quantité de ſoldats, pour
ranger nos ennemis à leur deuoir.
  Vn Capitaine Huron conclud
le conſeil, par vne petite harangue
fort éloquente, preſſant les Iroquois, de ramener au pluſtoſt le
Pere Poncet. Sçachez, leur diſoit-
il, qu'il eſt le Pere des François,
des Algonquins, & des Hurons :

& qu'il nous enseigne à tous le chemin du Ciel, chacun en noftre langue. Soyez affeurez que la paix, qui fera confirmée par la deliurance d'vn tel perfonnage, fera inuiolable de noftre cofté, & que vous la cimenterez plus fortemét, en le rendant aux François, que fi vous nous rameniez vn monde entier de Hurons, voire mefme d'autres François, fi vous les teniez dans la captiuité.

Les harangues finies, & les prefens donnez, & acceptez de part & d'autre : on témoigna quelques réjoüiffances de tous coftez, & en fuite les Ambaffadeurs Onnontaeronnons, & Anniehronnons, s'en retournerent en leur pays.

Tout cela fe paffa au mois de Septembre : mais enfin, le Pere Iofeph Poncet paroiffant à Quebec, le cinquiéme de Nouembre,

remplît tous les cœurs des François, de ioye, & d'allegreſſe. Les
lettres & les memoires, qui par-
loient de ſon arriuée, & des con-
ſeils tenus pour la concluſion de
la paix, ont eſté perdus, dans le
vaiſſeau pris par les Anglois. Voicy deux petits mots, tirez d'vne
lettre écrite à vne perſonne de
condition, qui diſent beaucoup
en peu de paroles. Il a donc pleu
à Dieu, d'exaucer nos prieres, &
de nous rendre le bon Pere Poncet. Sept Iroquois l'ont ramené
auec huit preſens, qui ſont les
premices, de ceux que leurs Anciens doiuent apporter au Printemps, pour eſtablir la paix generale, qui ſemble concluë. Le Pere
Poncet aſſure ſur ſa vie, de la ſincerité des intentions des Ennemis. Dieu veüille qu'il ne ſe trom-
pe pas. Amen, Amen.

Ces derniers Ambaſſadeurs, voyans que la ſaiſon s'auançoit, & que les glaces les pourroient ar-reſter en chemin dans vn long voyage, expoſerent briéuement leur legation, donnerent leurs preſens, auec aſſurance, que la paix qu'ils faiſoient ſeroit inuiola-ble de leur coſté, & apres auoir pris congé de Monſieur le Gou-uerneur, & receu des témoigna-ges reciproques de la bonne vo-lonté des François, ils leur laiſſe-rent le plaiſir & la ioye, qu'appor-te vne paix ſi long-temps deſirée. Bon-heur que ie ſouhaitte à la France, de toute l'eſtenduë de mon cœur.

CHAPITRE

CHAPITRE VI.

De la Paix faite auec vne Nation qui habite du cofté du Sud à l'egard de Quebec.

IL femble que Dieu ait voulu donner, vne paix vniuerfelle, à la Nouuelle France. Plaife à fa Bonté, de la rendre ftable, & folide. Neuf Algonquins, de la Refidence de fainct Iofeph à Sillery, eftans allez, au mois de Nouembre, à la chaffe du Caftor, s'écarterent de quatre iournées, des riues du grand fleuue, du cofté du Sudeft, c'eft à dire, entre l'Orient & le Midy. Comme ils marchoient, à la pointe du iour, dans ces grandes forefts : cherchans quelques lacs, ou quelques riuieres, où les Caftors baftiffent leurs maifons:

I

ils rencontrerent les piſtes de quelques hommes. Ils crurent auſſi-toſt, que c'eſtoient des Iroquois. Ils marchent ſur leurs briſées, & ſur leurs traces,, quittans la chaſſe des Caſtors, pour chaſſer aux hommes. Ils doubloient le pas, mais ſans bruit, pour n'eſtre découuerts. Enfin ils trouuerent, deuant que le Soleil parut, cinq hommes endormis, dans vne cabane paſſagere, qu'ils auoient dreſſée, à la façon des chaſſeurs. Ils ſe iettent auſſi-toſt ſur leur proye. L'vn d'iceux voulât vſer de reſiſtance, fut arreſté par vn coup de fuſil, qu'vn Algonquin luy tira dans la cuiſſe. En vn mot, ils ſe virent dans les liens des hommes, quaſi deuant que d'eſtre deliurez des liens du ſommeil.

Auſſi toſt que nos gens eurent fait cette priſe, ils perdent la pen-

fée des Caftors, ramenans ces captifs à Sillery. Or comme il y
auoit en cette Refidence, vn ramas de diuerfes Nations, dont vne
partie n'eftoient pas encor Chreftiens : ils receurent ces captifs
d'vne eftrange façon. On les charge de coups de baftons, on leur
arrache les ongles, on leur coupe
quelques doigts, on leur applique
des tifons de feu: bref on les traite en Sauuages, & comme des ennemis des Sauuages. Noel Te-
kouerimat, bon Chreftien, & Capitaine de cette Refidence, ayant
ouy parler ces prifonniers, dit
tout haut, qu'ils n'eftoient pas
Iroquois, & qu'il doutoit fort,
qu'ils fuffent de leurs Alliez. Ils
font, difoit-il, Abnaquiois, ou voi-
fins, & amis des Abnaquiois. Il
ajouftoit, qu'eftant vers les coftes
de la Nouuelle Angleterre, au der-

nier voyage qu'il auoit fait, au païs des Abnaquiois, il croyoit auoir veu quelqu'vn de ces visages. Cela arresta le coup de leur mort: mais il n'appaisa pas la fureur de ceux, qui estans enragez contre les Iroquois, souhaitoient d'assouuir leur vengeance sur ces pauures miserables. Et pour les faire mourir auec quelque Iustice, ils dirent, qu'il se falloit assembler pour deliberer de leur vie, ou de leur mort.

Noel, qui vit bien que la passion, & non la raison, assembloit ce conseil, ne s'y voulut pas trouuer. Les factieux ne laissent pas de de passer outre ; ils condamnent au feu ces pauures victimes. Nostre Capitaine Chrestien voyant ce desordre, fait des presens pour rachepter leur vie. On fait derechef vne assemblée : on donne la vie à quatre, & on veut brufler le cinquiéme. Mais Noel, voyant que ces affemblées n'eftoient pas de toutes les Nations interreffées dedans la guerre, s'écrie, qu'il faut tenir vn confeil vniuerfel, de tous les principaux, qui fe trouuoient pour lors au pays, & qu'il ne falloit pas proceder à la legere, dans des affaires fi importans: où il s'agiffoit de la vie des hommes, & peut-eftre d'vne nouuelle guerre. Cét auis fut fuiuy. On s'affemble, les Capitaines haranguent à leur tour. L'auis commun, & le plus vniuerfel, fut, qu'ils eftoient tous coupables, ou tous innocens, & par confequent qu'ils deuoient tous mourir, ou qu'il leur falloit donner la vie à tous. Là deffus, comme la paix n'eftoit pas encor faite auec les Iroquois, Noel Te-kouerimat parle fortement, difant

que nous auions affez d'ennemis
fur les bras, qu'il ne falloit pas en
multiplier le nombre ; que ces
pauures gens ne venoient point
en guerre; que c'eftoient desChaf-
feurs, & qu'il les falloit renuoyer
en leur pays.

Les principaux du Confeil, fui-
uans cette penfée , conclurent
qu'il n'en falloit faire mourir aucun : & qu'il eftoit à propos d'en
renuoyer deux en leur pays : pour
donner auis à leur Nation, de ce
qui s'eftoit paffé. On les fit venir
fur l'heure mefme dans l'affem-
blée : où ils parurent liez, & tous
nuds, excepté leur brayer. Ils s'af-
firent à platte terre, pour entendre leur fentence, qui les réjouyt
fort. Vn Capitaine prenant la parole, fit vne petite harangue, leur
difant, qu'ils auoient tous la vie:
que pas vn d'eux ne mourroit:

qu'ils eſtoient libres. A meſme
temps, on coupe leurs liens, qu'on
iette au feu, on les fait leuer de-
bout : on leur donne à chacun dequoy ſe couurir : & on les exhorte
à chanter, & à danſer, & à ſe réjouyr, puis qu'ils eſtoient parmy
leurs amis. Ce commandement
fut executé ſur l'heure, promptement, ioyeuſement, & magnifi-
quement, diſent les memoires, qui
ſont venus iuſques à nous.

Apres quelque temps de ré-
jouyſſance : on en renüoya deux
en leur pays, & on retint les trois
autres en oſtages. Leur commiſ-
ſion contenoit trois articles, di-
ſtinguez par trois petits baſtons,
qu'on leur mit en main. Le premier portoit, qu'on les renüoyoit
pour expoſer aux principaux de
leur Nation, comme ils auoient
eſté pris, & deliurez. Le ſecond,

qu'ils retournaſſent, au commencement de l'Eſté ſuiuant. Le troiſiéme, qu'ils retiraſſent des mains
d'vne Nation, qui leur eſt amie, &
voiſine, nommée Sokoueki; quelques-vns de leurs parens captifs
depuis deux ans : & qu'ils les ame-
naſſent à Sillery, s'ils auoient deſir
de contracter alliance , auec les
peuples qui s'y retirent ordinairement: & que la veuë de ces captifs,
adouciroit les yeux de ceux qui ne
les auoient pas regardez de bonne grace , & qu'ils ſeroient le
nœud de l'ancienne amitié, qu'ils
auoient euë autrefois par enſemble. Ces bonnes gens ſe voyans
declarez innocens, ne demanderent point reparation des torts,
qu'on leur auoit faits. Ils ne ſe
plaignirent point , des coups de
baſtons, qu'on leur auoit donnez,
ny des feux, qu'on auoit appliqués

fur leurs corps. Ils ne prefferent
point la reftitution des ongles,
qu'on leur auoit arrachez, ny des
doigts, qu'on leur auoit coupez.
Tous ces preludes font comptez
pour neant; pourueu qu'on n'ofte
point la vie; le refte paffe comme
vn petit ieu. Les femmes, difent-
ils , en fouffriroient bien autant
fans mot dire.

Ils partirent au commencement
de Decembre, de l'an 1652. & ils
parurent fur le grand fleuue, à la
fin du mois de May, de l'an paffé
1653. Si toft qu'ils apperceurent la
demeure des François, & des Sauuages de Sillery, ils firent refon-
ner leurs tambours , en figne de
paix, & de réjouyffance. Ils amenoient deux vieillards , des plus
confiderables de leur pays, chargez de prefens, qui eftoient comme les ordres, & les commiffions,

qui leur auoient esté données.
Les Algonquins accourans sur les
riues du grád fleuue, & ne voyans
point les captifs, qu'ils auoient
demandez, furent d'abord mécontens : mais ces Ambassadeurs
sçachans bien, qu'ils manquoient
au point le plus important, rendirent de si fortes raisons de leur
procedé : qu'ils calmerent les esprits des mécontens. Peut-estre
que ces captifs estoient morts.
Les memoires, & les lettres que
i'ay receuës, n'en disent rien.

Les esprits estans appaisez. Ces
nouueaux hostes furent appellez
au conseil, le lendemain de leur
arriuée. L'assemblée se tint en vne
sale de nostre petite maison, où
nous receuons, & où nous instrui-
sons les sauuages. On commença
par l'exhibition des presens, qu'on
estendit sur vne corde, qui tra-

uerſoit toute la ſale. Ce n'eſtoient
que des coliers de porcelaine fort
larges, des bracelets, des pendans
d'oreilles : & des calumets, ou petunoirs. Chacun ayant pris ſa place : le plus ancien de ces Ambaſſa-
deurs, prit la parole, diſant à toute l'aſſiſtance, qu'il venoit de dé-
plier l'affection,& l'amitié de ceux
de ſa nation, figurée ſur ces coliers ; que leur cœur eſtoit tout
ouuert, qu'il n'y auoit aucun ply,
qu'on voyoit dans ſes paroles, le
fond de leurs ames. Et là-deſſus,
tirant vn autre grand collier, il
l'eſtendit au milieu de la place, diſant. Voila le chemin, qu'il faut
tenir, pour venir viſiter vos amis.
Ce colier eſtoit compoſé de porcelaine blanche, & violente, en
ſorte qu'il y auoit des figures, que
ce bon homme expliquoit à ſa
mode. Voila, diſoit-il, les lacs,

voila les riuieres, voila les montagnes, & les vallées, qu'il faut paſſer; voila les portages, & les cheu-
tes d'eau. Remarquez tout; afin,
que dans les viſites, que nous
nous rendrons les vns aux autres,
perſonne ne s'égare. Les chemins
ſeront maintenant faciles : on ne
craindra plus les embuſcades.
Tous ceux qu'on rencontrera, ſeront autant d'amis.

Cela fait, il ſe leue, & s'ap-
prochant des preſens eſtendus,
comme i'ay deſia dit, il en donna l'explication, comme on feroit d'vn enigme, touchant les
perſonnages du tableau, les vns
apres les autres. Voila, faiſoit-
il, monſtrant le premier preſent,
le liure, ou le papier, où ſont peints
les ordres, & les commiſſions, que
i'ay receuës de mon pays, & les
affaires que i'ay à vous communi-

quer. Quiconque méprisera, ce que porte cette peinture, ou cét écrit, merite qu'on luy casse la teste.

Touchant le second present, qui faisoit vne grande ceinture de porcelaine. Allons mes freres, leuez-vous, ceignez-vous de cette ceinture, & allons de compagnie à la chasse de l'Elan, & du Castor.

Le troisiéme, estoit composé de quelques bastons de porcelaine, qu'ils portent à leurs oreilles, si prodigieusement percées, qu'on y passe aisément vn gros baston de cire d'Espagne. Voila, s'écria-il, pour percer vos oreilles : afin que nous puissions nous parler les vns les autres, comme font les amis, & que nous assistions aux conseils les vns des autres.

Le quatriéme, composé de six grands coliers, pour les six Nations, auec lesquelles ces Ambassadeurs renouuelloient leurs alliances, representoit les robes, dont elles se deuoient reuestir. Comme nous n'auons plus qu'vn cœur, il ne faut plus qu'vne façon d'habits, ou de robes : afin que tous ceux qui nous verrôt, croyent que nous sommes tous freres, vestus de mesme parure; & que celuy qui en offensera l'vn, offensera l'autre.

Cela fait, ce bon homme s'assit au milieu de la place. Il prend deux grands petunoirs, faits d'vne pierre verte, belle, & fort polie, longs d'vne coudée, c'estoit le cinquiéme present. Il en remplit vn de tabac, il y met le feu, & en succe, ou en tire la fumée fort grauement. Toute l'assemblée le regardoit, ne sçachant pas ce qu'il vouloit dire. Enfin apres auoir

bien petuné à son aise. Mes freres,
dit-il, ces deux pipes, ou ces deux
petunoirs, sont à vous. Il faut doresnauant, que nous n'ayons plus
qu'vn souffle, & qu'vne seule res-
piration, puis que nous n'auons
plus qu'vne mesme ame.

Et venant au sixiéme present,
qui consistoit en des liens de porcelaine, enfilez en brasses, & en
quelques coliers. Ah! mes freres,
s'écria-t'il, que les liens de ces
pauures prisonniers, nous ont mis
en grand danger de tous costez!
mais enfin les voila bas; le danger
est passé. Vos Peres, ont autrefois
contracté alliance, auec nos Ancestres: cela s'estoit mis en oubly:
vn mauuais rencontre, a fait du
mal à nos gens, & du bien à toutes
nos Nations: car nous ne nous
connoissions plus: nous estions
égarez, & nous voila reünis. Ouy,

mais nos pauures gens , ont les doigts coupez? on les a baston-nez? on les a tourmentez? ce n'eſt pas vous, mes freres , qui auez fait ce coup. Ce ſont ces meſchans Iroquois , qui vous ont tant fait de mal. Voſtre veuë bleſſée par ces mal-heureux, nous a pris pour des ennemis? vous nous auez fra-pez,croyans frapper des Iroquois. C'eſt vne mépriſe : nous n'en di-ſons mot.

Son diſcours finit. Noel Te-koüerimat, Capitaine de Sillery, prit la parole , au nom de tous les autres Capitaines. Il remercia fort humainement ces Ambaſſa-deurs , les loüant de ce qu'ils auoient de l'amour pour la paix, & pour la bonne intelligence, auec les Alliez de leurs Anceſtres. Et pourſuiuant ſon diſcours , il fit voir à toute l'aſſemblée , & no-

tamment

ramment aux Hurons, qui s'e-
ftoient monftrez fort contraires
aux penfées de la paix, prenans
ces prifonniers pour de vrais ennemis, combien il eftoit important, de ne fe point precipiter, en
des affaires de telle confequence:
combien il eftoit à propos, de re-
noüer l'ancienne amitié, qu'ils
auoient euë auec ces peuples.

Pour conclufion: les Ambaffadeurs, voyans qu'ils auoient efté
écoutez fauorablement, qu'on
auoit agrée leurs prefens, & relaf-
ché leurs prifonniers, fe mirent à
danfer, & à entonner vne chanfon, de toute l'eftenduë de leur
voix, & de toute la force de leur
poulmon: leur chanfon ne portoit que ces trois mots : C'eft
maintenant qu'il fe faut réjouyr,
puifque nos prefens fót acceptez.
La ieuneffe, par le cómandement

des Capitaines, se mit de la partie, pour rendre la ioye publique:
les ieunes hómes dançans à part,
& les filles à part, se suiuans neantmoins les vns les autres, à la mode
du pays. Ainsi se termina toute
cette ceremonie.

CHAPITRE VII.

La Pauureté & les Richesses du Pays.

IAmais il n'y eut plus de Castors
dans nos lacs, & dans nos riuieres : mais iamais il ne s'en est
moins veu dans les magasins du
pays. Auant la desolation des Hurons, les cent canots venoient en
traite, tous chargez de Castor. Les
Algonquins en apportoient de
tous costez, & chaque année, on
en auoit pour deux cens & pour

trois cens mil liures. C'eſtoit-là
vn beau reuenu, dequoy contenter tout le monde, & dequoy ſup-
porter les grandes charges du
pays.

La guerre des Iroquois a fait ta-
rir toutes ces ſources. Les Caſtors
demeurans en paix, & dans le lieu
de leur repos. Les flottes de Hurons ne deſcendent plus à la traite. Les Algonquins ſont depeu-
plez : & les Nations plus eſloi-
gnées, ſe retirent encore plus loin,
craignans le feu des Iroquois. Le
magaſin de Montréal, n'a pas
achepté des Sauuages vn ſeul Caſtor, depuis vn an. Aux Trois Riuieres, le peu qui s'y eſt veu, a eſté
employé pour fortifier la place,
où on attendoit l'ennemy. Dans
le magaſin de Quebec, ce n'eſt
que pauureté; & ainſi tout le monde a ſujet d'eſtre mécontent, n'y

ayant pas de quoy fournir, au
payement de ceux, à qui il est deu:
& mesme n'y ayant pas de quoy
supporter vne partie des charges
du pays, les plus indispensables.

Les riuieres les plus profondes,
& les plus riches de la terre, seroient bien-tost à sec, si leurs eaux
s'escoulans dans la Mer, les sources n'en fournissoient plus de nouuelles. Les Villes, & les Prouinces
plus proches de la Mer, qui en auroient esté autrefois les plus riche-
ment arrousées, auroient tort de
se plaindre, des Prouinces plusvoi-
sines des sources, comme si elles
retenoient toutes les eaux pour
elles, & les enuoyoient au public.

Ce sont les Iroquois, dont il se
faut plaindre: car ce sont eux, qui
ont arresté les eaux dedans leurs
sources. Ie veux dire, que ce sont
eux qui empeschent tout le com-

merce des Castors, qui ont toûjours esté les grandes richesses de
ce pays.

Mais maintenant, si Dieu be-
nit nos esperances, de la paix auec
les Iroquois, on fera bonne guerre aux Castors, & ils trouueront le
chemin des magasins de Montreal, des Trois Riuieres, & de
Quebec, qu'ils ont oublié depuis
ces dernieres années. Les Nations
supérieures descendront auec
ioye, & apporteront les Castors,
dont ils ont fait amas depuis trois
ans.

Ce Printemps, trois canots arriuerent aux Trois Riuieres, de
l'ancien pays des Hurons, ou plutost du profond des terres, les plus
cachées de ces costez-là : où diuerses familles se sont retirées
hors le commerce de tout le reste
des hommes, crainte que les Iro-

quois ne les y allaſſent trouuer.

Ces trois canots, conduits par
vn Sauuage Chreſtien, eſtoient de
quatre Nations differentes, qui
nous ont apporté d'excellentes
nouuelles. Sçauoir, qu'ils s'aſſem-
blent, en vn tres-beau pays, enuiron à cent cinquante lieuës, plus
loin que les Hurons, tirans vers
l'Occident, au nombre de deux
mille hommes, & qu'ils doiuent
venir de compagnie le Printemps
prochain, apporter grand nombre de Caſtor, pour faire leur tra-
fic ordinaire, & pour ſe fournir de
poudre & de plomb, & d'armes à
feu; afin de ſe rendre plus redou-
tables aux ennemis.

De plus, toute noſtre ieuneſſe
Françoiſe, eſt en deſſein d'aller en
traite, trouuer les Nations diſ-
perſées, çà & là, & ils eſperent d'en
reuenir chargez, des Caſtors de

plusieurs années.

En vn mot, le pays n'est pas de-peuplé de Castors, & ce sont ses mines d'or, & ses richesses; qu'il n'y a qu'à puiser dans les lacs, & dans les ruisseaux: où il y en a d'au-tant plus, qu'on en a moins pris ces dernieres années, craignant de s'écarter, & d'estre pris des Iro-quois. Ces animaux d'ailleurs se multiplians en grande abon-dance.

Pour ce qui est de la fertilité des terres, elles sont icy de bon rapport. Les grains François y viennent heureusement: & nous pouuons en cela, nous passer des secours de la Frāce, quelque nom-bre que nous soyons icy. Plus qu'il y aura d'habitans, plus serons-nous dans l'abondance.

Le bestail, & les lards, sont vne douceur au pays, qu'autrefois on

n'oſoit eſperer. Le gibier y foiſon-
ne; & la chaſſe des Orignaux, n'eſt
pas pour y manquer.

Mais l'anguille y eſt vne man-
ne, qui ſurpaſſe tout ce qu'on
en peut croire. L'experience &
l'induſtrie nous y a rendus ſi ſça-
uans, qu'en vne ſeule nuit, vn ou
deux hommes, en prendront des
cinq, & ſix milliers: & cette peſche dure deux mois entiers; dont
on fait prouiſion abondamment
pour toute l'année: car l'anguille
eſt icy d'vne excellente garde, ſoit
ſechée au feu, ſoit ſalée : & elles
ſont beaucoup meilleures, que
toutes les anguilles de la France.

La peſche du Saumon, & de
l'Eſturgeon, y eſt tres-abondante
en ſa ſaiſon. Et à vray dire, c'eſt
icy, le Royaume des eaux & des
poiſſons.

Le pays eſt tres-ſain, on y voit

fort peu de maladies. Les enfans y sont & tres-beaux, & tres faciles à éleuer. C'est vne benediction particuliere.

CHAPITRE VIII.

La porte fermée à l'Euangile, semble s'ouurir plus grande que iamais.

LE plus grand mal qu'ait fait la guerre des Iroquois, c'est d'auoir exterminé nos Eglises naissantes, desolant le pays des Hurons, dépeuplant les nations Algonquines ; faisant mourir cruellement & les Pasteurs, & le troupeau : & empeschant qu'on ne passast plus outre, aux Nations éloignées, pour en faire vn peuple Chrestien.

Maintenant, cette paix nouuelle, nous ouurira vn grand chemin,

vers les Nations superieures, dont
la guerre nous auoit chassé. Le zele de nos Peres, les y porte desia
auec amour, & auec ioye, comme
au centre de leurs desirs.

Mais ce qui les anime dauan-
tage, & ce qui sera vn moyen bien
puissant, pour conseruer la paix
auec les Iroquois, c'est l'ouuertu-
re que Dieu nous donne, pour aller faire vne Residence au milieu
du pays ennemy, sur le grand lac
des Iroquois, proche des Onnontaeronnons. Le chemin en est
tres-aisé, n'y ayant que deux cheu-
tes d'eau, où il faut mettre pied à
terre, & faire vn portage qui n'est
pas long : où il seroit facile de faire quelque petit reduit, pour
auoir le commerce libre, & pour
se rendre maistres de ce grand
lac : d'où par apres on peut aller
aux Nations éloignées, & mesme

dans l'ancien pays des Hurons, fans nous voir obligez à ces peines inconceuables , que nous auons pris autrefois, de porter & canots, & bagage fur nos épaules, pour éuiter les precipices d'eau, & les torrens impetueux, qui ne font pas nauigables.

Les Iroquois Onnontaeron-nons, nous inuitent eux-mefmes, & nous attirent par prefens : ils nous ont defigné la place, & nous en ont fait vn recit, comme d'vn lieu le plus heureux qui foit en toutes ces contrées. Il le fera, plus mille fois qu'ils ne le croyent, fi Dieu acheue cét ouurage , & fi les Anges tutelaires des peuples qui font à conuertir, nous aident en ce deffein. Car à vray dire, ce feroit-là le cœur d'vne terre, qui doit deuenir fainte , puis qu'elle eft racheptée du fang du Fils de

Dieu, & qu'il est temps qu'il y soit adoré. Nous demandons pour ce sujet des ouuriers, que nous attendons par le premier embarquement.

CHAPITRE DERNIER.

Recueil tiré de diuerses Lettres apportées de la nouuelle France.

LE païs des Hurons, qui nourrissoit trente à trente cinq mille ames, dans l'estenduë de dixsept à dix-huit lieuës seulement, ayant esté pillé, ruiné, bruslé: ceux qui sont échappez de ce grand naufrage, se sont retirez en diuerses Nations. Vn bon nombre s'est venu ietter entre les bras des Frãçois, & notamment des Peres de nostre Compagnie, qui les ont si fortement secourus, qu'on écrit,

qu'ils auoient, cét Eté dernier, enuiron trois cens arpens de terre,
enfemencé de leurs bleds d'Inde,
c'eſt à dire, qu'il a fallu abbattre
trois cens arpés de bois: pour faire
cette grande explanade, tres-vtile
à cette nouuelle Colonie, qui a
maintenátdequoy ſe nourrir: mais
non pas encor dequoy ſe couurir.
Il eſt vray, que Dieu qui a ſoin des
petits oyſeaux, ne les a pas mis en
oubly: car des perſonnes de pieté,
& de vertu, leurs ayans enuoyé,
par aumoſnes, quelques couuertures, on les a diuiſées en quatre:
pour couurir quatre petits orphe-
lins de chacune. D'autres ſouhait-
tans de faire porter leurs noms, à
quelques nouueaux conuertis,
leur ont fait tenir quelques preſens, qui ont ſeruy d'habits, au pere, & à la mere, & quelquefois à
tous leurs enfans.

I'ay leu ce qui fuit, dans vne lettre, écrite par vne bonne Mere
Vrfuline. Nous auons appris, que
noftre Seminarifte Huronne, qui
fut prife, il y a enuiron dix ans, par
les Iroquois : eftoit mariée en leur
pays. Qu'elle eftoit la maiftreffe
dans fa cabane, compofée de plufieurs familles. Qu'elle prioit Dieu
tous les iours, & qu'elle le faifoit
prier par d'autres : ce qui paroift
d'autant plus eftonnant, qu'elle
n'auoit qu'enuiron treize, ou qua-
torze ans, quand elle fut enleuée
par ces Barbares. Nous auons fa
fœur en noftre maifon, qui eft vne
ieune vefue, d'vne modeftie ra-
uiffante, fort addonnée à l'orai-
fon : elle en fait tous les iours autant que les Religieufes : elle eft
dans vne prefence de Dieu, quafi
continuelle : & fon efprit eft fi
éclairé, & fi remply de lumieres,

& de raisons, pour l'exercice de la vertu : qu'on void bien, qu'elle est gouuernée, par vn Esprit plus haut, & plus sublime, que l'esprit humain.

Les pere, & mere, de l'vne de nos Seminaristes (que la pauureté, nous contraint, de tenir en vn fort petit nombre) estans venus voir leur fille, âgée d'enuiron dix ans, luy dirent, que la paix se faisant auec les Iroquois, ceux qu'il auoit connu en ce pays-là, où il auoit esté captif, l'inuitoient d'y aller demeurer, auec toute sa famille. & là-dessus, ils luy demanderent, si elle ne seroit pas bien aise d'estre de la partie, & de suiure son pere, & sa mere. Comment donc, répondit-elle, n'estes-vous point honteux, de vouloir quitter le pays de la priere, pour aller en vn lieu, où vous serez en danger, de

perdre la Foy? Ne sçauez-vous
pas bien, que les Iroquois ne
croyent pas en Dieu, & qu'estans
parmy eux, vous viuerez comme
eux? Allez, si vous voulez, en ce
miserable pays : mais ie ne vous
suiuray pas, ie ne quitteray iamais
les filles saintes, si vous m'aban-
donnez. Ses parens, honorans son
courage, l'assurerent qu'ils ne s'é-
loigneroient pas de la maison de
priere.

Les saints Peres, parlans de la
chasteté, la font passer, pour vne
vertu descenduë des Cieux : pour
vne beauté, inconnuë à la nature;
& pour l'vne des plus belles filles,
ou des plus beaux fruits de la grace. Ce fruit commence à paroistre, dans les vergers de ces nouuelles Eglises. I'apprends qu'vn
ieune Huron, âgé d'enuiron trente ans, fortement sollicité, depuis

quatre

quatre ans, de se marier : a toûjours resisté. Enfin, comme ses
proches, le pressoient extraordi-
nairement, par des considerations
puissantes : il alla trouuer l'vn des
Peres, qui ont soin de cette Eglise, & luy dit ce peu de paroles.
Mon Pere, on me dit tous les
iours, marie toy ; quelle est ta
pensée ? determine moy. Le Pere
luy repartit, qu'il n'estoit pas de-
fendu de se marier : qu'il le pouuoit faire. Oüy, mais repart le ieune homme, lequel des deux est
plus agreable à Dieu, de se marier, ou de ne se pas marier ? Le Pere luy répondit, que ceux qui re-
nonçoient aux plaisirs de la terre,
pour mieux seruir IESVS-CHRIST,
luy estoient plus agreable. C'est
assez, replique ce bon Neophyte,
il ne faut plus me parler de maria-

L

ge. Adieu mon Pere, ie n'auois
que ce mot à te dire.

Le Pere, qui nous a fait part de
cet entretien, adjoufte, qu'ayant,
certain iour, rencontré vne vefue
affez ieune, venant du trauail : luy
dit, la voyant fort mal veftuë, mar-
chant pieds nuds, à caufe de fa
pauureté. Ieanne, (c'eft le nom
qu'elle a receuë au Baptefme) la
peine que tu prends, pour nourrir
tes pauures enfans, me fait croire,
que tu ferois bien foulagée, fi tu
prenois quelque bon mary, qui
te fecourût. La pauure femme
répondit par les yeux, verfant
beaucoup de larmes. Helas, fit-
elle, où trouueray-ie vn mary,
femblable à celuy que i'ay perdu?
Il faut confeffer, luy dit le Pere,
que c'eftoit vn grand homme de
bien : mais il n'eft pas impoffible
d'en trouuer vn femblable, qui te

secoure autant que celuy que
Dieu t'auoit donné. Il n'importe,
répond-elle, ie ne veux pas me
remarier. Il y a long-temps, que
i'aurois vescu comme sœur, auec
mon mary, si on m'eut permis de
faire ma volonté. Le desir que i'ay
de me sauuer, m'éloigne du mariage. Oüy, mais tu ne laisseras
pas de te sauuer estant mariée? Il
est vray : mais ie ne serois pas si
agreable à IESVS-CHRIST. Luy
as-tu promis, de ne te plus remarier? non pas: mais i'ay dessein la
premiere fois que ie me commu-
nieray, de luy dire ces paroles.
Mon Dieu, ie renonce aux plaisirs
du mariage. Ie prefere ton plaisir
au mien. Les plaisirs d'icy bas sont
courts, ceux du Ciel sont eternels.
Ceux qui ne goustent pas, les
bons sentimens des Sauuages,

diront que celuy-cy, vient plutost de l'esprit de Dieu, que de l'esprit d'vn Sauuage.

Comme les bons arbres, produisent de bons fruicts : cette genereuse Chrestienne a vne fille, qui suit les saintes inclinations de sa bonne mere. Cette enfant demeure auec les Religieuses hospitalieres, seruant d'Interprete aux pauures Hurons malades ; dont il y en a eu bon nombre toute l'année, dans cette maison de misericorde. Elle a l'esprit si bon, qu'elle a appris en moins de deux ans, la langue Françoise, & en suitte, à lire & à écrire : en sorte, qu'elle deuance les petites Françoises. Elle est d'vn si bon naturel, que iamais elle ne s'excuse, dans la correction de ses petits deffauts : & si on accuse quel-

qu'vne de ses compagnes, elle dit,
pour l'ordinaire, que c'est elle qui
a fait la faute : & qu'elle n'a point
d'esprit. Il n'y a pas long-temps,
qu'elle a fait sa premiere Com-
munion ; & pour preuue, qu'elle
connoissoit celuy qui la venoit visiter, elle s'offrit d'elle-mesme à
luy, le suppliant de la retenir en
sa maison, & de luy faire la grace
d'estre Religieuse. Elle a vne si forte creance, qu'il luy accordera cette faueur, qu'elle ne veut iamais
sortir du Monastere, où elle est :
pour aller voir sa bonne mere, &
ses parens, qui ne sont qu'à deux
lieuës de Quebec. Et s'ils la viennent voir, elle a si peur, qu'ils ne
luy parlent, de mettre le pied hors
de cét Hospital, qu'elle les expe-
die en quatre paroles. Ce qui est
peu ordinaire à des enfans : mais

celuy qui dône le poids aux vens, & qui se plaist dans l'innocence, rend leurs cœurs solides, & leurs langues disertes, quand il luy plaist.

Disons en passant, puis que nous parlons de l'Hospital, ce que i'ay leu dans vn bout de lettre, qu'vn Sauuage fort opiniastre, & fort éloigné de la Foy, ayant esté porté en cette maison de Dieu, pour y estre pensé, fut si surpris, & si estonné, voyant la douceur, la bonté, la modestie, & la charité de ces bonnes Meres, qu'il ne faisoit autre chose, que de reïterer ces paroles; Mais, que pretendent ces filles, qu'attendent-elles de ces malades qui n'ont rien? elles dônent leurs viures, leurs moyés, leur trauail, auec tant de bonté, & on ne leur donne rien! Il faut

bien, qu'elles esperent d'autres
biens, apres cette vie ? ces pensées
liquefierent ce cœur de fer, qui se
rendit, & s'estant fait Chrestien,
il fit paroistre, que la charité estoit
vn bon Predicateur.

Mais pour dire encor deux mots
de la pureté, qui s'establit dans
quelques ames d'élite. Vne autre
ieune veufue, paroist si retirée,
depuis la mort de son mary, que
mesme, elle ne répond aucun mot
aux hommes, qui seroient capa-
bles de luy parler de mariage. Le
Pere, qui a soin de son ame, en
voulant sçauoir la raison : elle la
rendit en ces termes. Il y a long-
temps, que i'ay promis à Dieu, que
iamais plus ie ne me marierois.
C'est pour son honneur, & non
pour mon contentement, ce que
i'en fay. C'est assez vescu auec les

hommes, ay je dit en moy-mesme:
Ie sçay bien que ie suis encor ieune, & que ie suis capable d'auoir
des enfans, qui seroient mon sou-
tien : ie me priue volontiers de cét
appuy. Il n'importe que ie sois
pauure : mais il importe que i'ayme Dieu. Ie n'ay qu'vne petite
fille, c'est mon enfant vnique : i'ay
dit souuent à Nostre Seigneur, la
voila : si tu me la veux oster, ie ne
laisseray pas de t'aymer : ie ne sou-
haite sa vie que pour te seruir.
Qu'on en die ce que l'on voudra,
ce langage du cœur, est eloquent
deuant Dieu. Si quelques hommes ne le goustent pas, quantité
d'Anges y prennent plaisir.

Voicy vne deuotion bien inno-
cente. Quelques femmes Hu-
ronnes, sont entrées dans vn combat, à qui rendroit plus d'honneur

à la sainte Vierge, & par leur bonne vie, & par les prieres qu'elles
luy-adreſſoient, notamment en
recitant ſon Chapelet. Il y en a
telle, qui s'endormant l'*Aue Ma-*
ria en la bouche, la continuë à
ſon réueil, comme ſi le ſommeil
ne l'auoit point interrompuë. Et
afin que le nombre de fois qu'elles le diſent, ſoit honorable à leur
bonne Mere : elles mettent à chaque fois, vne de leurs perles, ou
de leurs diamans à part ; ce ſont
leurs grains de porcelaine. Elles
apportent tous les Dimanches, au
Pere qui les conduit, le petit amas
qu'elles ont fait pendant la ſemai-
ne : afin de tirer de ce magaſin,
dequoy faire vne Couronne, &
vne Echarpe, à la façon du pays, à
l'image de la ſainte Vierge. Le
Pere a marqué dans vn papier,

qu'il s'est trouué cinq mille de ces perles, depuis l'Assomption, iusques au quinziéme d'Octobre. Ie m'assure, que tous ceux qui sont enrolez en la Confrairie du Rosaire, ne recitent pas si souuent leur Chapelet, que ces bonnes Neophytes.

Il faudroit maintenant parler de la Residence de saint Ioseph à Sillery. De la Residence des Trois Riuieres. De la Mission de sainte Croix à Tadoussac. De la Mission de S. Iean en la nation des Porcs-Epics. De la Mission des Poissons blancs. De la Mission des Abna-quiois. Des peuples appellez les Nipisiriniens, les Piskitang; les Algonquins de la petite Nation, &autres, qu'on a commencé d'in-struire en la foy: mais ie n'ay pas assez d'instruction pour parler en détail de tous ces peuples & de toutes ces Nations. Ie rapporteray quelque petite chose, de ce qui est venu entre mes mains.

Vne femme, nommée Geneuiefue, ayant vn fils malade, âgé d'enuiron huit à neuf ans, fit tout son possible, pour luy faire recouurer la santé, ou pour le disposer à vne sainte mort, en cas que Dieu le voulut retirer de ce monde. Elle sollicitoit les Religieuses Hospitalieres, & les Vrsulines, de prier incessamment pour luy : Elle importunoit souuent nos Peres, les priant de le visiter, & de le fortifier : en vn mot, de faire en sorte, qu'il allast droit au Ciel, sans rien rencontrer en son chemin qui l'arrestat. Elle auoit cette pensée en l'esprit, que Dieu sollicité par les prieres de ses amis, & touché

de compaſſion, à la veuë des bonnes diſpoſitions de ſon enfant, luy
rendroit la ſanté, ou s'il le vouloit
appeller à ſoy, qu'il le deliureroit,
des peines qu'on ſouffre pour l'ordinaire, apres la mort. Ce motif
luy donnoit vn ſoin ſi violent, &
de l'ame, & du corps de cét enfant
fort innocent, qu'elle ſe rendoit
importune à tout le monde, & à
ſon fils meſme : luy demandant,
s'il n'oublioit rien en ſes Confeſ-
ſions, & s'il auoit douleur de ſes
pechez. Ce pauure enfant, luy
diſoit par fois, ne vous attriſtez
point, ma mere, mon cœur n'eſt
pas méchant, il n'a rien qui le
puiſſe gaſter : i'ay dit au Pere, tout
ce qu'il y auoit de mauuais. Or
comme la maladie augmentoit
tous les iours : Quelques Iongleurs, ou Medecins du pays, pa-

rens de la mere de cét enfant, luy
dirent, qu'ils trouueroient bien
le moyen de guerir le malade. Elle fit au commencement la four-
de oreille: voyant bien, qu'ils fe
vouloient feruir de leurs fuperftitions, & de leurs badineries ordi-
naires: mais enfin, fe voyant pref-
fée, le grand amour, qu'elle auoit
pour la fanté de fon fils, qui eftoit
fon enfant vnique, la fit diffimu-
ler, & à demy condefcendre à
leurs volontez. Ils abordent doucement cét enfant, luy deman-
dent s'il ne feroit pas bien aife de
guerir : il répond qu'ouy ; il faut
donc, repartent-ils, que vous per-
mettiez qu'on vous chante, &
qu'on dreffe vn Tabernacle, pour
confulter les Genies de l'air, touchant voftre mal. Non pas cela,
dit-il, non pas cela. Et fe tournant

vers fa mere, il s'écrie, ie ne veux
point aller en Enfer. Ces chofes
font deffenduës : en vn mot, il fit
voir, par geftes, & par paroles, qu'il
abhorroit toutes ces fuperftitions:
mais comme ce n'eftoit qu'vn enfant, & qu'il perdoit fes forces, &
fa vigueur, ces Iongleurs paffe-
rent outre. Ils luy pendent au col,
trois petits rondeaux faits de
brins de porc-epic de la grandeur
d'vn petit ietton, difans que fon
mal caché dans les inteftins, eftoit
de mefme grandeur, & qu'il le falloit faire fortir. Ils luy demandoient foigneufement, s'il ne
voyoit rien dans fes fonges, au-
quels tous ces Barbares ont grande creance. Il répondit, qu'il auoit
veu vn canot. Auffi-toft, on luy en
fit faire vn petit, qui luy fut apporté, afin de contenter le genie, ou

le Demon des songes. Remarquez que tout cela se faisoit en cachette, dans la profondeur de la nuit, de peur que les Peres, n'en eussent connoissance. Enfin comme ces remedes n'auoient aucun effet, les iongleurs prennent leurs tambours, ils hurlét, ils chantent, ils soufflent le malade, ils font festin d'vn chien roux, pour arrester le cours de sa maladie; mais au lieu de soulager ce pauure enfant, sa fiévre redouble auec vne telle vehemence, qu'il s'écrie, qu'il brûle, qu'il sent desia le feu de l'Enfer, & qu'on le tuë. A ces cris, ces beaux medecins se retirent, la mere épouuantée, ouure les yeux, passe le reste de la nuit en pleurs, & en larmes, transpercée de douleur, d'auoir donné quelque creance à ces charlatans, & à ces trompeurs.

Le Pere qui a soin de ce quartier, arriuant le matin, pour voir le malade: cette pauure femme, l'aborde, & luy dit en pleurant, Mon Pere, allons à la Chapellè, ie deſire de me confeſſer: à peine y fut-elle entrée, qu'elle ſe iette par terre, verſant quantité de larmes, pouſſant tout haut ces paroles entrecoupées de ſanglots. C'eſt moy qui fay mourir mon fils. Ce ſont mes pechés qui luy oſtent la vie. C'eſt moy qui le tuè. Ie ſuis coupable, & il eſt innocent. Ie merite la mort, & il merite de viure, fut-il ainſi, que ie mouruſſe, & non pas luy: car il eſt bon, & ie ſuis meſchante. I'ay faché celuy qui a tout faict, que feray-ie pour l'appaiſer? & ſe tournant vers le Pere, elle tire vn grand collier de porcelaine de ſon ſein, & luy dit, voila pour appaiſer

paiſer celuy que i'ay faſché, offre
luy ce preſent par les mains des
pauures : prie pour moy mon Pere, afin que mes pechés, ne ſoient
point imputés, à mon enfant : &
que la porte du Ciel, ne luy ſoit
point fermée. Ie luy preparois vne
belle robe de caſtor, ie te l'appor-
teray mon Pere, & tu la penderas
en quelque lieu, dedans l'Egliſe :
elle parlera pour moy, & fera voir
à tout le monde, mon peché, &
ma repentance.

Enfin ſon pauure petit Eſtien-
ne, c'eſt ainſi qu'il s'appelloit,
mourut ſainctement. Cette pauure mere le baiſant apres ſa mort,
luy diſoit, pardonne moy mon
fils, c'eſt moy qui t'ay fay mourir
par mes pechés, pardonne à ta mere, elle a peut-eſtre, ſaly ta pauure

ame, permettant ces fotifes, & ces
fuperftitions, fur ton petit corps.
Ie crains que cela ne t'empefche,
l'entrée du Paradis. Et le voulant,
elle-mefme enfeuelir, elle luy ioi-
gnit fes deux petites mains, comme s'il eut prié Dieu : mettant fon
Chappelet à l'entour, & fon petit
Crucifix entre fes doigts. Voila
mon fils, luy difoit-elle, l'image
de celuy qui a netoyé tes pechés.
C'eft luy qui te logera dans fa maifon, où iamais plus tu ne pourras
mourir.

Voicy vne grace bien particuliere arriuée, à vne bande
de bons Chreftiens, qui vo-
guoient fur le grand fleuue, fur la
fin de l'Hyuer. Les glaces les en-
tourans de tous coftez, & fe jet-
tans les vnes fur les autres : en for-

ce qu'ils ne voyoient aucun moyen d'eschapper, attendans à tous momens vn debris, de leur petit vaiſſeau: le Pere qui les ac-compagnoit ; voyant bien que ſans vn ſecours du Ciel, c'eſtoit fait de leurs vies: les fit mettre en priere. Choſe eſtrange, vous euſ-ſiés dit, que leur oraiſon écartoit ces grands corps de glaces, & les faiſoit fuir, pour leur donner paſ-ſage: le coup fut ſi ſoudain, qu'il les eſtonna tous. Et pour marque, que c'eſtoit vne faueur extraordi-naire, l'effet fut grand pour leurs ames, auſſi bien que pour leurs corps, dautant que ce prodige, les rendit plus fermes à la Foy, & aug-menta fortement leur confiance en Dieu.

Ce qui ſuit n'eſt pas moins

étonnant. Vn Chreſtien malade
à la mort, fut prié, ſollicité, &
preſſé, par ſes parens, & par ſes
amis, de ſe laiſſer penſer à la façon
des Sauuages: c'eſt à dire, auec des
cris, des hurlemens, & des tambours, dont ſe ſeruent les Iongleurs, croyans par ce tintamarre,
épouuanter le Manitou, qui oſte
la vie aux hommes. Ce bon Neophyte les rebuta, diſant, qu'il ay-
moit mieux mourir, que de ſouffrir ces badineries, & ces ſuperſti-
tions, plus propres à faire mourir
vn malade, qu'à le guerir : mais
comme il vid, que ces Iongleurs,
ſe diſpoſoient à le ſoufler, mal-grê
ſes reſiſtáces, il ſe ſeruit du peu de
force qui luy reſtoit, pour ſortir dé
la cabane, & pour ſe traiſner dans
le bois. Choſe eſtrange à meſure
qu'il

qu'il s'éloigne de ces Sorciers, il
s'approche de la santé : en sorte
qu'il fut guéry quasi en vn instant,
auec vne ioye de son cœur, & vn
étonnement de tous ceux qui le
tenoient pour mort.

Ce que ie vay dire, est digne d'e-
stre sceu. Deux ieunes filles Chre-
stiennes, se voyans poursuiuies,
par deux ieunes hommes, se iettent dans les forests, qui courent
ce grand pays : elles coururent si
fort, & entrerent si auant, dans ce
pays perdu : qu'elles furent deux
mois sans paroistre. On les cherche, on les appelle, point de nouuelles, la peur les auoit si bien
éloignées qu'on les tenoit pour
mortes : car n'ayāt porté aucun viure, auec elles, chacun croyoit,
que la faim les auroit égorgées.

N

Enfin apres auoir bien courru, & bien marché dans ces grands bois, elles se trouuerent sur les riues, de la grand'Riuiere de S.Laurens, où ayant apperceu vn vaisseau François, qui montoit à Tadoussac, elles appellerent, & firent signe, qu'on les embarquast, ce qui fut fait.

Bref, elles arriuerent en bonne santé au logis de leurs parens: n'ayans vescu, tout ce temps-là, que de racines, & de petits fruicts sauuages, qu'elles trouuoient dans les bois. *Non in sole pane viuit homo,* ces paroles, pouuoient estre prises au pied de la lettre à leur égard.

Vne autre ieune fille, ne se ietta pas dans ce danger, mais elle y ietta vn impudent qui la pressoit

auec violence : car prenant vn
cousteau en main , elle luy alloit
planter dans la gorge , ou dans le
sein , si sa mere accourant , n'eut
retenu son bras.

Le Pere qui a esté en Mission
dans le lac de S. Iean, dit , qu'vne
fille le vint prier , de luy donner le
Baptesme. Il luy demande , si
quelqu'vn de nos Peres, l'auoit in-
struite, elle dit que non, & qu'elle n'a iamais veu , de gens faits
comme nous , portans des robes
noires : mais qu'elle a demeuré
auec des Chrestiens , qui luy ont
appris à prier Dieu , & qui luy ont
fait connoistre l'importance du
Baptesme. Le Pere voyant sa can-
deur , son zele , son assiduité , & sa
perseuerance à demander cette
grace , ne luy osa refuser. On a ac-
cordé cette mesme faueur à enui-

ron vne centaine de Sauuages, de
ceux qui trafiquent ordinairement en ce quartier la.

F I N.

Extrait du Privilege du Roy

Milton Keynes UK
Ingram Content Group UK Ltd.
UKHW022116030324
438776UK00008B/1275